Confesiones de Escuelas Públicas

Frente a la Batalla de la Educación Pública

por Mark Wilkins

Un libro de la serie de libros Narrador

Contexto

La lección

Su retiro breve

Sólo un Maestro

El pequeño niño travieso

El problema de Andy

Integrarse

La Guerra putrefacta de los huevos podridos

La escuela es un microcosmos de la vida

* ¿Quién va a enseñar a nuestros hijos?

* **Cortesía de El Profeta de la Vida**

Prologo

De hecho, soy un maestro en la primera línea de la educación pública en un distrito escolar urbano en Estados Unidos. En mi carrera de 30 años como maestro, he conocido a un buen número de maestros, administradores, personal clasificado y estudiantes. A muchos de ellos los cuento como mis amigos. Siempre he admirado la tenacidad de los maestros que tratan de dar forma al futuro de los más vulnerables de nuestra sociedad, a menudo, con poco apoyo de parte de las escuelas o distritos para los que trabajan.

Las historias escritas en este libro se han tomado de historias verdaderas que he presenciado o han sido contadas por colegas durante mi carrera. He cambiado el nombre y embellecido algunas áreas para su efecto, pero cada una de estas historias se derivan de los hechos reales. A pesar de que me puede relacionar con las numerosas historias, he elegido historias con personajes memorables y a los que considero tramas interesantes. Algunos son humorísticos, otros son graves, pero juegan un papel importante en la historia de la educación pública en la actualidad. Incluso he intercalado poesías que escribí para una banda de rock alternativo formada íntegramente por profesores de las escuelas públicas de la ciudad para profundizar aún más la experiencia de la lectura de este libro. Espero que disfrute de este tanto como yo disfruté escribiéndolo como un tributo a aquellos que están en la vanguardia de la educación pública.

Marcos Wilkins

M. A. en Liderazgo Educativo

La Lecion

Un profesor de secundaria decidió enseñar a su alumno éticas de trabajo. Dispuso que el estudiante ayudara a cavar un par de pequeñas trincheras en un parque local. En el día señalado, se dirigieron al parque. El profesor tomó una pala que llevaba y mostró brevemente al estudiante cómo cavar una pequeña zanja. Entonces se le pidió al estudiante que cavara una. El estudiante cumplió. Cuando el estudiante termino la excavación de la zanja, el maestro le pidió que cavara otra y otra más después de eso. Después de que el estudiante había terminado de excavar varias zanjas pequeñas se detuvo. Él hizo una pregunta al maestro.

"¿Por qué estoy haciendo todo el trabajo y usted sólo está mirando?" Le preguntó al maestro.

"Eso es porque le estoy supervisando." Respondió el maestro".

Después de una hora que había pasado el estudiante había cavado varias trincheras más pequeñas, el maestro le dijo que parara.

"¿Qué aprendió el día de hoy?" Preguntó al estudiante.

"Aprendí el significado de una palabra nueva.", Respondió el estudiante.

"¿Es la palabra trabajo?" El maestro le preguntó a la espera ansiosa.

"No", dijo el estudiante de la palabra es supervisor.

¿"Supervisor?" Preguntó el maestro con una mirada de asombro en su rostro.

"Sí" dijo el estudiante.

"Supervisor, yo hago todo el trabajo, usted supervisa y le pagan más que a mí, supervisor." Continuó el estudiante.

Su breve retiro

Scott conocía a Bertha desde hace unos 20 años. Trabajaron juntos en la misma escuela preparatoria. El enseñaba Historia; ella enseñaba Español. Cuando ella se retiró en el mes de junio se había vuelto un poco olvidadiza. Ella le dijo que estaba preocupada por su futuro porque ella no tenía familia que la cuidaran y acababa de comprar un nuevo apartamento, y no conocía a nadie en los apartamentos. Su único amigo era su perro Chihuahua Pepi.

Scott pensó en que a lo mejor podría estar al pendiente de ella, tal vez llamar a su casa una vez a la semana y pasar por su apartamento, en ocasiones, pero parecía ser mucho tiempo extra para invertirlo en alguien que no conocía bien. Además, pensó, ella estaría bien porque... porque... tenía que, además, estas cosas siempre se solucionan por sí mismas.

Al comienzo del próximo año escolar, Scott pensó en Bertha. Se preguntó cómo se encontraría. Después que habían pasado unas semanas pensó en pedir a la encargada de la oficina de la escuela los números de teléfonos de Bertha, por lo que le podría hacer una llamada, pero cada vez que tenía la oportunidad de hacerlo, siempre había algo que ocurría. Un par de meses pasaron y Scott pidió a la secretaria de la oficina si alguien había oído de Bertha. Para su sorpresa, ella respondió que nadie había oído hablar de ella. Scott pidió a la encargada de la oficina el número de teléfono de Bertha.

Pasaron otro par de meses antes que Scott de hecho marcara el número. El recibió el mensaje de que el teléfono había sido desconectado. Al día siguiente, Scott pidió a la secretaria de la Oficina que le diera la dirección de Bertha. Ella la anotó y le entregó el papel. Cuando Scott miró el papel, se dio cuenta de que el condominio de Bertha estaba en su camino a casa. Había pasado por ahí todos los días mientras iba al trabajo y viceversa. El decidió hacer una visita ese día en su camino al trabajo.

Cuando Scott salió del trabajo, fue a la dirección. Estaciono el coche y fue capaz de entrar en los apartamentos. Encontró el camino hacia el edificio en el que ella vivía y se dirigió a subir un tramo de escaleras hasta su apartamento en el segundo piso. Vio una cinta amarilla en la puerta que formaba una X. La cinta tenía las palabras "Línea de policía no cruce" impreso en ella. Se fue a un apartamento vecino y toco a la puerta. Una mujer salió y le preguntó acerca de la cinta amarilla de la policía. La señora dijo que unas tres semanas antes, ella percibió un mal olor y llamó al encargado. Cuando se despertó a la mañana siguiente la cinta amarilla estaba en la puerta.

Scott camino a la propiedad del gerente, pero no había nadie en casa. Se fue a casa y busco atreves del internet bajo el nombre y apellido de Bertha. Encontró artículos acerca de la profesora del premio que había ganado como maestra del año, sobre su retiro en el mes de junio y, a continuación, vio un artículo que le molestaba. La titular era profesora de español fue encontrada muerta en su apartamento con el esqueleto de un perro pequeño que yacía junto a ella. El artículo dice que a Bertha la encontraron el 27 de marzo y que el médico forense estimó que había muerto en octubre del año pasado.

Sólo un maestro

Según fue grabada la banda de The Loveforce
Collective Feat: Teacherz

Escuchen a canción por gratis en : bandcamp.com
abajo el groupo "The Loveforce Collective"
Letra de Mark Wilkins
Verso 1
Construyo el futuro de esta nación

Un niño a la vez

Les ayudo a dar forma a sus sueños

Y darles alas para volar

Educo a sus hijos

Y enseñarles a no odiar

Enseñarles a leer y escribir

Y todo lo que se puede decir es

CORO

Soy un maestro

Pero soy tu maestro

Sólo soy un maestro

Verso 2

Me haces pasar por un aro

Obtener credenciales y títulos

Entonces me pagan menos de los que están

Menos educados que yo

Las condiciones que trabajo

Son por lo general del tercer mundo

Pero te quejas cuando abogo

En nombre de los niños y niñas

CORO

Soy un maestro

Pero soy tu maestro

Sólo soy un maestro

Verso 3

Atarme con los mandatos sin fundamento

Al igual que No Dejar a Ningún Niño Atrás

Dame un presupuesto pinto

Esperar un paseo en Cadillac

Sin embargo, su usted es quien hizo el sistema

Y usted se niegan a cambiar

Y yo, que se pregunta que realmente

Tiene claras sus prioridades

CORO

Soy un maestro

Pero soy tu maestro

Sólo soy un maestro

Un Niño travieso

Jake era un pequeño estudiante tímido de tercer grado, un nerd.

A menudo tenía la respuesta correcta cuando él levantaba la mano. A menudo las preguntas demostraban que estaba pensando más avanzado que los otros niños. Fue sin embargo, la víctima de intimidación.

Regina Crumbie era la chica más mala en el tercer grado. Muchos de los niños en el 1er año de primaria pensaban que era la chica más mala de todo el mundo. Ella dominaba cualquier conversación se metía de manera hiriente. Ella era físicamente agresiva con los demás cuando no se salía con la suya. La única vez que alguien vio su sonrisa era siempre cuando lesionaba a los otros niños en el patio.

Regina amaba a Jake. Ella no lo amaba de una manera clásica, sino que amaba el golpearlo con su dedo índice en la parte posterior de sus grandes orejas. Ella le golpeaba las orejas en cada oportunidad. Afortunadamente, Regina estaba en la otra clase de tercer grado. Jake acabo a aprender a evitarla, pero cada oportunidad que tenía ella le pegaba a él en la parte posterior de la oreja con su dedo índice.

Un día, Regina se presentó en la clase de Jake con su madre que se veía como una mujer muy adecuada. Su maestra, la Sra Bigalow, dijo a la clase vamos a recibir a un estudiante nuevo Regina Crumbie. También les dijo que deberían estar en su mejor comportamiento porque la señora Crumbie venía a observar la nueva clase en la que su hija iba a estar. La Sra. Regina Bigalow se sentó al lado de Jake. Regina se sentó y sacó su cuaderno de la mochila, ella se acercó a Jake y le susurró al oído.

"Ahora te tengo todo para mí durante el resto del año escolar." Ella le dijo con alegría, mientras comenzaba a pegarle en la parte posterior de la oreja de Jake con su dedo índice. "Quiero ver tu oído ponerse de color rojo con la alegría de mi golpe sin parar."

Después de unos minutos de haber sido golpeado, Jake se enojó. Le grito "No toques mi winis!"

La profesora detuvo la lección, toda la clase se dio la vuelta en estado de shock y miró a Jake. La señora Crumbie parecía que iba a matar a alguien. Regina dejó de golpearlo.

"Joven!" Gritó la señora Bigalow, "! Te disculpas de inmediato!"

"! No voy a pedir disculpas!" Jake gritó: "¿No ves que ella me intimida?", Continuó.

"Jake", dijo la señora Bigalow con una amenaza en su voz, "O te disculpas con Regina y su madre o informe al director de inmediato!"

"Regina y su madre pueden tocar mi winis y usted también puede hacerlo por no hacer nada sobre la intimidación!", Respondió Jake.

La señora Crumbie estaba tan insultada que saco a Regina de la escuela inmediatamente. La señora Bigalow llamó al director y personalmente acompañó a Jake a su oficina.

"He llamado a tus padres." El director Stinner le dijo a Jake. "¿Me puede dar una buena razón por la que no debería suspenderlo por una semana?"

"Señora. Bigalow no detuvo a Regina que me intimidada y no podía aguantar más, así que me queje. "Respondió Jake.

"Sí, pero esa grosería que le dijo a Regina, a su madre, y la señora Bigalow hacerle cosas obscenas a usted.", Dijo el director Stinner severidad.

"No digo groserías." Respondió Jake con confianza.

"Usted seguramente que si lo hizo jovencito, les dijo entonces que tocaran su winis!", Declaró el director Stinner.

"No hay nada de malo en eso." Jake dijo, "Yo lo hago todo el tiempo."

"Eso es algo que se supone que debe hacer en privado, Jake, no en público.", Dijo el director Stinner suavemente.

"Yo prefiero hacerlo en público, porque sentado en un escritorio hace que duela tanto, tengo que frotar." Respondió Jake. "Mis padres me animan a hacer esto e incluso me dieron una loción para calmar mi dolor de winis."

La cara del director Stinner se puso roja. Tenía los ojos saltones. La vena en su frente parecía que iba a estallar. Él pensó en llamar a los servicios de protección infantil. Pensó en llamar a la policía. Se preguntó qué clase de padres enfermos enseñan esas cosas a niños como este. Esta línea de pensamiento del director Stinner fue descarrilada por la pregunta de Jake.

"Director Stinner", preguntó Jake "¿Qué cree que es un winis ?"

"¿Por qué es su órgano masculino Jake, incluso si usted no puede pronunciarlo bien?" Respondió.

"No, Director Stinner," dijo Jake, "Es el colgajo de piel que cubre los codos." Continuó. "Así que ya ve, no es mi culpa."

¿"Que no lo que no es su culpa Jake?" Preguntó el director Stinner.

"Que nadie en esta escuela conoce su propia anatomía." Dijo.

Problema de Andy

A los catorce años de edad Andy tenía un gran problema. Su mejor amigo Bobby tenía muy mal aliento. Le caía bien Bobby, pero no podía soportar estar cerca de él, porque cada vez que Bobby abría la boca, Andy tenía que contener la respiración para no inhalar los gases tóxicos procedentes de la boca de Bobby.

Lo que es peor, Bobby no tenía ni idea de que su aliento era tan malo. Bobby era grande y se veía malvado así que la mayoría de los niños tenían miedo de decirle algo negativo. Andy tenía que averiguar una manera de decirle a Bobby que su aliento apestaba sin hacer Bobby se enojara.

Pensó y pensó. Entonces una idea le vino a la cabeza. Tal vez si él pusiera una botella de enjuague bucal de menta fresca en el gimnasio en el locker de Bobby, con una nota escrita por alguien Bobby no conociera, tal vez Bobby pudiera entender la indirecta y empezara a utilizar enjuague bucal.

Andy hizo que un estudiante de intercambio Bjorn Bornay escribiera la nota, Bobby no le conocía. Andy le dijo Bjorn como escribir una nota a Bobby que le decía que tenía que usar el enjuague bucal para que su aliento oliera bien. Bjorn escribió la nota, dobló el papel y se lo entregó a Andy. Mientras Bobby estaba tomando una ducha, Andy puso rápidamente el enjuague bucal y la nota en el locker abierto de Bobby.

Cuando Bobby regresó vio el enjuague bucal, murmuró algunas cosas acerca de cómo le gustaba recibir cosas gratis y abrió la nota. Leyó la nota, entonces, se enojó, arrugó la nota y lo estrelló el enjuague contra el suelo. Se vistió rápidamente, dio un portazo al locker y salió de los vestuarios. Andy cogió la nota arrugado y lo leyó.

Decía:

Estimado estúpido,

Usted tiene el aliento hedor que hace que el basurero en pleno mediodía huele bien. Utilice este enjuague bucal de menta fresca y nos salvara de un destino peor que el de la muerte, es decir, huele aun a 100 pies de distancia de usted.

Firmado,

Alguien que no puede soportar más el olor.

Bobby estuvo de mal humor todo el día. Él le dijo a Andy que iba a matar a quien le había enviado la nota y el enjuague bucal. Andy estaba preocupado de que Bobby pudiera averiguarlo. Bobby nunca supo quién envió la nota. Él nunca se enteró quien envió el enjuague bucal pero en realidad comenzó a usarlo. Para sorpresa de todos, mediante el enjuague bucal, transformó el pelo de la nariz de Bobby en crespo, el aliento repugnante en menta, nariz crespa. Lo que Andy no sabía era que la respiración hedor de Bobby fue causada por un puñado de dientes podridos. Nunca fue al dentista antes de que llegara el enjuague bucal, después no consiguió que el enjuague bucal lo curara. El papá de Andy consiguió un trabajo en otro estado unos meses más tarde y Andy se fue nunca olvidó a Bobby. De hecho, él se acordó de él cada vez que pasaba por el borde donde había alcantarillado.

Ser popular

Joey acaba de entrar a la escuela preparatoria. Estaba preocupado porque la mayoría de sus amigos de la escuela secundaria se dirigían a diferentes escuelas no sabía si iba a encajar con los chicos nuevos que se reunirá en su nueva escuela preparatoria. Le pidió a su padre un consejo.

Bill, el padre de Joey era bastante popular en su trabajo y, literalmente, encajaba con cualquier multitud donde se encontrara. Bill pensó un momento acerca de que podría decirle a su hijo. Él decidió decirle sobre el momento en que llegó a realizar sobre el secreto para ser popular. Es lo que Bill le dijo Joey.

Cuando era un adolescente realmente no cabía en ningún lugar. Conocí a un montón de gente. Yo tenía un montón de conocidos, pero sólo unos pocos amigos reales. Yo no pienso en mí mismo como extraño, pero estoy seguro de que había otros en la escuela que lo hicieron. De hecho, un niño, solía pasar cerca de mí varias veces al día en mis viajes por toda la escuela. Siempre que pasaba cerca de él se detenía, volteaba su cara hacia la mía y decía "! Eres raro!" Entonces él se alejaba.

No recuerdo haberlo conocido nunca o verlo en cualquiera de mis clases. Nadie parecía conocerlo tampoco. No sé por qué pensaba que era raro o incluso por qué le gustaba hasta el punto de parase y decírmelo cada vez que pasaba. Esto continuó durante algún tiempo.

Un día, cuando estaba caminando a casa desde la escuela un coche vino a toda velocidad por la calle derrapándose. A su paso por la parte de la acera donde estaba caminando se adelantó y el conductor pisó los frenos. El coche llegó a un alto y dio marcha atrás y se detuvo cuando estaba paralelo a mí. Bajo las ventanas ahumadas eléctricas revelando que solo había un pasajero, el conductor. Era el chico que siempre me dijo que era raro.

Cuando la ventanilla estaba bajada hasta el final el chico me miró directamente a los ojos y dijo: "Usted es raro".

Cuando subió la ventana eléctrica le grité.

Le dije: "!Me alegro de que soy raro porque si todo el mundo fuera igual el mundo sería muy aburrido y nos mataríamos unos a otros!"

El joven luego bajó la ventanilla eléctrica de vuelta, me miró y respondió: "¿Sabe una cosa?; usted no es raro después de todo". Luego hizo rodar la ventana y salió a toda velocidad.

Todavía lo vi en la escuela después de eso, pero él nunca me dijo que era raro otra vez. Nunca me habló bien pero al menos no me llamó raro. No creo que yo era realmente raro. Yo no creo que nadie es extraño. Creo que la gente es simplemente diferente. Se necesita todo tipo de personas para que la raza humana y todo el mundo se adapte a su manera. Si se piensa en ello, raro es sólo una sombra en una serie de adjetivos que incluían, extraño diferente y único. Yo prefiero único. El chico en mi escuela preparatoria pudo llamarme raro pero yo todo lo que estaba escuchando era único.

El todos los tiempos, Épicos

Guerra de los huevos Podrido

Cada año, los niños ricos en la escuela preparatoria de Rob se jactaban de sus guerras anuales de huevos podridos en Halloween. Cada año se hablaba de cómo los niños pobres se acercaban hasta su exclusivo enclave en las colinas por encima de ellos para desafiar a los niños ricos sólo para ser golpeados gravemente por niños mimados que les lanzaban huevos podridos. Los ganadores de la guerra conseguían presumir por el resto del año escolar y los niños ricos siempre tenían ese derecho. Se jactaban sin piedad, aprovechando todas las oportunidades para burlarse de la pérdida en los niños pobres del barrio bajo. Los niños ricos llamaban a sí mismos los Montañeses.

Ellos vivían en el monte de Aetna, un desarrollo exclusivo de amplias casas de lujo con césped bien cuidado con vistas al valle donde se encontraba la escuela preparatoria. Mount Aetna también daba a un campo que estaba lleno de edificios de apartamentos. Los estudiantes de preparatoria que vivían en el valle eran pobres de la clase media baja, casi todos los habitantes de los apartamentos. Estos niños eran conocidos como los de Barrio bajo o Ratas con capucha. La preparatoria Martin Luther King High fue nombrada después de que el líder Martin Luther King defensor incansable de los derechos civiles pero que no vivió para recibir este legado del gran hombre que fue nombrado después de años. La escuela era un ejemplo perfecto de la segregación integrada. La escuela se integró para que los ricos y pobres, asistieron a clases en la misma escuela. Era, sin embargo, segregaba de muchas maneras, equipos deportivos de la escuela incluían a los dos De Los montañeses y Del Ratas con capucha, pero los Montañeses ocupaban de posiciones claves en el equipo como la de capitán, mientras que los Ratas con capucha ocupaban las posiciones que hacían el trabajo sucio. En el equipo de fútbol, por ejemplo, el mariscal de campo, corredores, buscadores y golpeadores eran todas de los Montañeses. Los Ratas con capucha eran en su mayoría posiciones de bloqueo, los Montañeses controlaban totalmente el gobierno estudiantil y, con ella, los fondos del cuerpo estudiantil. Se les dio puestos de liderazgo en todos los clubes de la escuela y en las aulas. Los Rata con capucha solo participaban.

Los Montañeses dictaminaron su enclave. Ellos mandaban en la escuela preparatoria de Martin Luther King pero no mandaban en las calles de las Ratas con capucha. Ese honor estaba reservado para una banda de la ciudad llamada Ratas con Capucha. Muy pocas ratas eran miembros del cuerpo de estudiantes del Martin Luther King Los Montañeses se aseguraban de que o bien abandonaran o fueron expulsados de la escuela. Los Montañeses rara vez tenía que preocuparse por las ratas, porque la mayor parte del tiempo estaban en los barrios bajos o estaban en sus coches conduciendo en alguna parte. Las Ratas sin embargo si se preocupaban, porque mientras que los montañeses podían retirarse a la relativa seguridad de sus propios coches, los Ratas tenían que coger el autobús público. Las ratas usaban el servicio de autobús público.

Un par de días antes de Halloween, Rob habló con su amigo Ashton. Los dos querían quitar el derecho de presumir a los montañeses. Los dos estaban enfermos y cansados de las bromas de los montañeses durante todo el largo año escolar. Como Ashton tenía un coche y Rob no tenia, decidieron tomar el coche de Ashton. Rob trabajaba en el supermercado local. El descubrió que podía conseguir una caja de materiales en descomposición por $ 1.00. Decidieron que los materiales en descomposición sería un buen encuentro contra los huevos podridos de los montañeses para arrojarles en Halloween. Decidieron reunirse en la casa de Rob después de la escuela el 31 de octubre.

Durante todo el día, el 31 de octubre, los montañeses estuvieron hablando de la forma en que habían enterrado los huevos podridos un mes antes y cómo esos huevos estaban simplemente enterrados allí, en descomposición una montaña de hedor, listo para ser desenterrados y arrojados a las Ratas. Ellos se preguntaban en voz alta, que las ratas sería tan tontos como para desear que su ropa y el cabello apestara permanente por una bomba de huevo podrido

Rob se reunió con Ashton después de la escuela. Se fueron a la casa de Rob y fueron por las cajas de fruta descompuesta y cartones "viejos" de huevos. Al caer la noche se dirigieron hasta el monte Aetna. Se dirigieron alrededor de las calles tratando de encontrar donde estaba la acción. Las calles parecían tranquilas. Al acercarse a la parte superior de una calle en subida, escucharon mucho ruido. Decidieron estacionar el coche y caminar para ver si el ruido era de la batalla de huevos.

Al llegar a la parte superior de la calle el ruido se hizo más fuerte. Ellos se escondieron detrás de unos arbustos y miraron por encima de la cima de la calle hacia el lado cuesta abajo. A mitad de la calle larga que vieron 10 montañeses involucrados en una batalla de huevos con seis de las ratas con capucha. Se dieron cuenta de que era una lucha desigual.

Rob y Ashton corrieron de regreso al coche de Ashton. Ashton hecho es marcha el motor. Mientras se cruzó a la parte superior de la calle, Rob preparó la fruta podrida y los huevos viejos. Cuando el coche llegó a la cima de la calle, Ashton aceleró su motor. Corrió cuesta abajo en lo que parecía ser 90 millas por hora. A medida que pasaban los montañeses, Rob tiro de una descarga de ciruelas podridas, completamente sorprendiendo a los montañeses. Golpeó a 9 de 10 de ellos. Golpeó algunos de los montañeses en su ropa y otros en la cabeza.

Cuando llegaron a la parte inferior de la calle, Ashton dio la vuelta y aceleró el motor. Él aceleró para subir la cuesta. Esta vez los montañeses estaban listos para ellos. Cuando Ashton y Rob se acercaron, los montañeses dejaron caer una lluvia de huevos podridos, bautizaron el coche viejo de 14 años de Ashton con una capa fresca de hedor viscoso. Rob volvió al fuego, alcanzando uno especialmente que era muy grosero en la frente con una ciruela podrida. Dos de los montañeses tenían ambos coches con apenas seis meses de tenerlos y eran Porsches acelerado y esperando para ir a la persecución, una sandía podrida exploto en el parabrisas de ellos se detuvieron en seco. Rob se rio, vio como el limpiaparabrisas del Porsche sólo hizo que su bomba de sandía se hiciera más gruesa cubriendo todo el parabrisas, impidiendo que el coche saliera de su estacionamiento.

Tan pronto como el Ashton llegó a la parte superior de la calle, hizo un giro en U y de inmediato regresó a la tercera ronda de la batalla épica. Mientras corrían hacia abajo, hacia los montañeses, Rob comenzó a lanzar melocotones podridos en contra de ellos rápido y furioso. A medida que los montañeses se agruparon para satisfacer desafío Ashton y Rob, las otras ratas emitieron un asalto de huevos desde la parte posterior.

En ese momento, la sirena inconfundible de un coche de patrulla de la policía llego. Ashton miraba en su espejo retrovisor y vio el coche patrulla en la parte superior viniendo hacia ellos. Los montañeses y las ratas se dispersaron. Ashton condujo por una calle lateral. El coche patrulla pasa por las casas donde la batalla se estaba realizando y se volvió en la calle lateral Ashton condujo hacia abajo.

Ashton podia verlos como doblaban la esquina. Ashton conducía por la otra calle lateral, pasó por delante de algunas casas y rápidamente estaciono el coche y al mismo tiempo de apago las luces. Ashton & Rob se agacharon. En cuestión de segundos, el coche patrulla dobló la esquina y paso por delante de ellos, sin darse cuenta de que estaban estacionados. Los muchachos se mantuvieron agachados durante diez minutos más antes de Ashton pusiera en marcha el coche.

A medida que circulaban lentamente a lo largo de las calles, llegaron a la cima de una calle diferente. A mitad de camino vieron un Montañés solitario caminando casualmente a lo largo del lado de la cima. Ashton se aceleró y Rob se inclinó hacia fuera del coche. Bombardeó al montañés con un huevo podrido especial que había estado guardando para una ocasión especial. Mientras dejaba que el huevo volara, gritó "Ratas con Capucha aquí" con todo los que daban de sus pulmones.

Rob y Ashton no pudieron evitar reírse al día siguiente cuando los montañeses llegaron a la escuela llorando acerca de cómo las ratas con capucha se unieron en contra de ellos, llegaron a su guarida y los atacaron. Los montañeses eran todavía sangrones pero para el resto del año no se jactaron de su victoria en la Guerra de los huevos que Halloween. De alguna manera, parecían estar un poco más respetuosos hacia las ratas con capucha y no fueron a sus barrios por mucho tiempo.

Microcosmo

Según fue grabada la banda de The Loveforce
Collective Feat: Teacherz

Escuchen a canción por gratis en : bandcamp.com
abajo el groupo "The Loveforce Collective"

Letra de Mark Wilkins

VERSO 1

Los marginados de la comunidad escolar

Se convierten en los marginados de la sociedad

Ellos viven en la periferia

Trabajan en las sombras

Son apoyados por lo clandestino

La mala economía

CORO

Escuela

Es un microcosmos

De vida

Verso 2

Los líderes de la comunidad escolar

Se convierten en los que mueven los hilos de la sociedad

Ellos viven en las mansiones

Trabajan en pent-house

Son apoyados por el veterano

Y por las redes

(repite el coro)

Verso 3

El niño común en la comunidad escolar

Se convierte en un engranaje en la rueda de la sociedad

Ellos viven de cheque en cheque

Trabajan para alguien

Son la columna vertebral de la corriente principal

Psicología

(Repite el coro)

PUENTE

La vislumbra de lo que vendrá

Se puede reflejar en la escuela

Sin embargo, su futuro depende

En el camino que elija

CORO

Escuela

Es un microcosmos

De vida

El Niño que se sienta en la parte posterior de la Clase

Él podría ser alguien que Usted conoce:

¿Se ha preguntado por el chico en la parte posterior de la clase? El que rara vez habla. El que puede incluso parecer raro para algunos. ¿Se ha preguntado lo que está pensando? ¿Se ha preguntado cómo se siente? Él tiene algo que aportar. Nunca se le ha dado la oportunidad. ¿Cree que le gusta ser juzgado por no tener nada interesante que decir?

Sin embargo, día tras día en que sólo se sienta allí con la mirada perdida, pero escuchando atentamente. Rara vez se le da una segunda oportunidad. Usted asume que es estúpido. Se le trata como si fuera un descerebrado o, peor aún, como si no existiera en absoluto. ¿No cree que él tiene sentimientos también?

¿Le haría daño a su reputación o a su preciosa clasificación si corriera el riesgo de sentarse junto a él un día y tratara de hablar con él? Puede ser que al principio sea tímido, pero tal vez si tienes que hacerle saber que encontraras algo en él y tiene algo que ofrecer. Tal vez le encontrarás que él tiene un cerebro y que tiene un sentido del humor.

Pero no, tú continúas charlando lejos con tus amigos. Puedes caminar delante de él en la calle he ignóralo como si fuera un fantasma. Sigues con tu linda vida. Mientras que él está atrapado en el fondo de la sala de la vida, siendo prisionero de su timidez.

Más que sólo un Pandillero

Roberto Rincón estaba muerto, de eso no había duda.

El subdirector Barris, un señor panzón de 63 años que era de los viejos tiempos de cuando había ley y orden en las escuelas públicas, predijo desde el momento en que puso los ojos en Roberto desde hacía sólo una semana. Él sabía que el chico tenía un mal registro con sólo mirarlo y cuando leyó los registros anecdóticos sobre Roberto, sólo confirmó sus sospechas.

Roberto había ido varias veces a la oficina del Decano por infracciones que iban desde maldecir a los profesores, a meterse en peleas y golpear a los de seguridad del plantel cuando huía del Decano. Cuando el decano Sanders trato de agarrarlo de la mano lo cual sorprendió a Roberto, el chico reaccionó impredeciblemente. Se volvió y golpeo a uno de los adultos mucho más alto y corpulento, conectado un derechazo el cual le rompió la mandíbula. Eso hizo que Roberto obtuviera una sentencia de un año en el "Campamento" el nombre políticamente correcto para la cárcel de menores.

Eso fue antes de que que el sub director Barris llegara a la preparatoria Van Buren. Roberto ahora estaba fuera del campamento y quería volver a entrar y ser parte de la población estudiantil en Van Buren. El sub director Barris nunca habría permitido que regresara pero Principal Nevarrez tomo la decisión. Roberto estaba esperándolo en la puerta al subdirector Barris. Su madre se fue tan pronto como Principal Nevarrez aprobó la carta de aceptación de su hijo. Subdirector Barris nunca la conoció.

Ahora el joven estaba muerto y el subdirector Barris sabía que tenía que llamar al Equipo de Crisis del distrito. Dudaba muchos que los niños se lamentarán por un pandillero que apenas había regresado pero el protocolo de distrito determinó que se debería llamar al Equipo que ayuda cuando hay una Crisis y eso fue lo que hizo. El subdirector Barris odiaba esa clase de actividades "temas delicados" utilizados por el Equipo de Crisis pero como subdirector, era necesaria su presencia en todas las sesiones.

El Equipo de Crisis llegó a las 8:15 a.m. quince minutos después del comienzo de la escuela. Se sentaron inactivos durante la primera hora. Poco después al comienzo del segundo período, la seguridad de la escuela trajo cuatro estudiantes que se negaron a ir a clase. Nos dijeron que estaban tristes por Roberto. Por cuarto período había 20 estudiantes en la pequeña sala de conferencias donde el Equipo de Crisis se reunió. Por sexto período, hubo tantos estudiantes de duelo; que tuvieron que mover el equipo de la crisis a la cafetería de los maestros que era un lugar mucho más grande.

Durante ese día, subdirector Barris aprendido mucho acerca de Roberto. Se enteró de que Roberto vivía en los proyectos que fue el principal líder para estudiantes de Van Buren. Él sabía que los proyectos tienen pandilleros que viven allí, pero lo que no sabían es que una pandilla rival había estado golpeando a los estudiantes de los proyectos ya que tenían que pasar por su territorio para llegar a Van Buren aun si eran miembros de la pandilla o no. Se enteró de que la cuadrilla de los proyectos había estado planeando una venganza, para la mayoría de los niños golpeados pero se estaban moviendo demasiado lento.

Roberto pensó eso así que una noche fue al parque del territorio de la banda rival y esperó. Luego después de un tiempo, un coche lleno de miembros de bandas rivales condujeron por donde estaba Roberto, el sacó una pistola de su cintura y apuntó a los coches. Apretó el gatillo, pero el arma se trabó. Los chicos en el coche lo vieron. Una escopeta salió de la ventana del lado del pasajero hacia atrás y emitió un doble tiro directamente a Roberto golpeándolo en el pecho. De 15 años Roberto murió instantáneamente cuando el coche salió a toda velocidad. Una madre que vivía allí y su hija de cuatro años que encontraban cerca también les dieron pero sobrevivieron.

Por el resto de esa semana, los estudiantes y, a veces, incluso los padres, lloraban y compartían historias sobre Roberto. Muchos estudiantes hablaron del gran sentido del humor que tenía Roberto y la forma en que con frecuencia se esmeraba en ayudar a la gente. Una chica que parecía estar enamorada de él, lloró abiertamente cuando ella dijo que iba a extrañar su sonrisa. Un joven dijo que Roberto era alguien con el que se podía contar cuando alguien lo necesitaba.

Una madre que tenía tres hijos propios en Van Buren dijo al Equipo de Crisis las cosas más secretas acerca de Roberto. Ella dijo que la madre de Roberto era una chica de fiesta que siempre estaba tomando la píldora, pero quedó embarazada de Roberto una vez que olvido tomarla. Ella tenía unos treinta años cuando lo tuvo. Ella nunca quiso ser madre y nunca actuó como tal. Ella solía abandonar a Roberto por días y días. Ella le dijo al equipo que Roberto era un niño de los proyectos, fue educado por un sinnúmero de padres y niños que ayudaron a alimentarlo, vestirlo y le cobijan en los últimos años. Ella les dijo cómo Roberto comió muchas comidas en su mesa y se pasó muchas noches durmiendo en su sofá.

Todo el mundo en los proyectos ayudó a recaudar dinero para el entierro de Roberto. Tuvieron lavados de autos, ventas de garaje y caminaron alrededor de su vecindario pidiendo donaciones. Uno de los del vecindario incluso le llevo a su jefe a la fábrica de camisetas para que hicieran 100 camisetas con las palabras "Nunca olvidaremos a nuestro Roberto" por debajo un cuadro de Roberto sonriendo, al costo ($ 4.00). Los niños las vendieron por $ 20 cada una.

La siguiente semana, la escuela fue cerrada por las vacaciones de primavera. El subdirector Barris, pensó en Roberto esa semana. Se dio cuenta de que sabía más de Roberto lo que conocía anteriormente. Se dio cuenta de que a pesar de que Roberto era un gánster, seguía siendo una persona que era leal y hacía reír a la gente. Comprendía que Roberto fue amado por muchos. Le recordó algo que había oído en la iglesia cuando era un niño, acerca de cómo nunca se sabe que tan profundo puede afectar e influenciar una persona en la vida de los demás. Se preguntó si los vecinos de los proyectos habían coleccionado lo suficiente como para tener un buen funeral para Roberto.

El primer día de la escuela cuando regresaron de las vacaciones de primavera, subdirector Barris le preguntó a uno de los estudiantes que vivían en los proyectos si habían conseguido lo suficiente para el entierro de Roberto. El estudiante le dijo que si lo consiguieron y que lo habían enterrado dos días antes de las vacaciones de primavera habían terminado. Vice principal Barris estaba realmente contento de escuchar eso.

Cuando llego a su oficina, fue recibido por una mujer con sobrepeso, de mediana edad, con pelo rojo intenso y maquillaje en exceso. Llevaba sandalias viejas, pantalones vaqueros que estaban demasiado apretados y una camiseta sin mangas que era demasiado pequeña para una mujer de su edad y peso. Su tripa abultada desde debajo de la lonja revelando el ombligo. Sus dos manos voluminosas apretaban a una pila de libros de texto.

Se presentó como la madre de Roberto y le dijo al subdirector Barris ella estaba allí para devolver sus libros de texto. Ella quería desesperadamente asegurarse de que al devolverlos significaría que no sería acusado de perderlos. El subdirector Barris le aseguró que con la devolución de los libros se borraría cualquier cosa que pudiera decir que se debían. Ella le preguntó subdirector Barris si podía tener la foto que su secretaria tomó a Roberto cuando él volvió a entrar en la escuela. Con una lágrima en sus ojos, ella admitió que no tenía otras fotos de Roberto y le gustaría tener una como recuerdo de su hijo difunto. El subdirector Barris indico que no tenía acceso a la foto en ese momento, pero podría enviarla por correo a ella en un día o dos. Ella insistió en que la enviara por correo electrónico en lugar y se precipitó para dar su dirección de correo electrónico en un pedazo de papel y se lo entregó. Ella se disculpó y dijo que tenía que irse porque su nuevo novio estaba esperando en el coche por ella y que no le gustaba que le hicieran esperar. Luego se fue precipitadamente.

El subdirector Barris entró en su oficina. Él dejó el papel y buscó en el archivo de datos de su cámara para la foto de Roberto. Después de unos minutos la encontró. Él subió una copia a su cuenta del distrito de Internet y adjunto al correo electrónico. Sus dedos arrugados pero ágiles temblaron ligeramente mientras escribía: ". Aquí está la foto de Roberto que solicito, siento mucho su pérdida", cuando él miró el papel de la madre de Roberto le impresiono su dirección de correo electrónico: misssexyogbabydoll @ ognetwork. com.

Manejo de la clase

El Sr. Dow, el Subdirector encargado de evaluar a los maestros entró en la oficina del director.

"¿Cómo le fue en su observación del señor Blake el día de hoy?", Preguntó el director.

"Creo que el señor Blake tiene que trabajar en mejorar de sus habilidades del control de la clase.", Dijo Dow.

"Oh," dijo el director, "¿Por qué es eso?"

"Bueno, después de que yo estuve allí sólo por un corto tiempo," dijo el Sr. Dow, "me di cuenta de la mayor parte de los estudiantes comenzaron a lanzar aviones de papel por toda la habitación."

"De veras," dijo el director, "¿Qué estaba haciendo el señor Blake durante todo esto?"

"Estaba escribiendo un problema en la pizarra." Respondió el Sr. Dow.

"Cuando fui con el señor Blake y le informe de las actividades de los estudiantes, la manera que respondió me hizo pensar que si necesitaba para mejorar sus habilidades del control de la clase", Dijo Dow.

"¿Y el que dijo?", Preguntó el director.

"Me dijo, que si no quería que me pegaran, que me agachara." Respondió el Sr. Dow.

Cuando un maestro se suicida en su aula

Eran las 8 a.m. en la comunidad soñolienta de Smalltown, California. Un grupo de estudiantes esperaba a que su maestra abriera la puerta del salón de clases. A medida que pasaban los minutos, la puerta permanecía cerrada. Los estudiantes sabían que su maestra debería estar en el interior debido a que algunos de ellos vieron su coche estacionado en el estacionamiento. Le pidieron a un profesor de un aula cercana que los dejara entrar a la clase. Él se vio obligado.

Al entrar, vieron a su amada maestra colgada de una instalación de luz. Mientras que el maestro que abrió el aula marcó 911, tres estudiantes, que no podía soportar ver a su maestra colgada, levantaron suavemente su cuerpo sin vida con un cuarto de cuerda que la sujetaba a la lámpara. Ellos la acostaron en el suelo con respeto. Algunos estudiantes comenzaron a llorar, otros sólo miraban con incredulidad. Después de un corto periodo de tiempo, los paramédicos llegaron y comprobaron sus signos vitales. Se le declaró muerta. Luego envolvieron su cuerpo como un saco de patatas.

26 años de edad Jill Johnson era una maestra popular conocida como un alma solidaria. Ella siempre era brillante y alegre aunque el suicidio de su padre sólo dos años antes parecía preocuparla. Incluso enseñó a una unidad sobre la depresión a sus estudiantes de primer año de preparatoria y recientemente le dijo a la clase que "El suicidio no es la respuesta".

Los estudiantes afectados recibieron asesoramiento. Los administradores del distrito hablaron de lo que fue una tragedia su muerte, pero nadie sabe por qué la señorita Johnson cometió suicidio. Los funcionarios no estaban 100% seguros de que si ella misma se mató ya que no había dejado ninguna nota en la escena. Hubo, sin embargo, algunas cosas que todo el mundo estaba seguro. Una buena maestra había muerto. Una luz en la vida de muchos jóvenes se apagó y devasto a decenas de jóvenes vulnerables. Sin embargo, nadie sabe por qué.

El Maestro que gritaban demasiado

Los maestros de hoy tienen muy poco en su arsenal para ayudar a mantener un aula bajo control. Uno de sus grandes armas es gritar. Un maestro se supone sin duda que no debe de gritar a los niños, pero si se hace sólo en algunas ocasiones, puede ser muy eficaz.

El señor Dermis era un maestro veterano que había trabajado en varias escuelas preparatorias públicas por el área cercana de una gran ciudad moderna. Lo hizo por varias razones. Por un lado, el pago de combate (más dinero por trabajar en una zona "difícil"). Por otra parte, no se esperaba que enseñara mucho, los estudiantes rara vez se presentaban para su clase y los administradores casi nunca iban. Ellos eran más que felices con tener un empleado que se presentara de forma regular.

A mediados del año escolar, el señor Dermis fue transferido a una escuela al lado este, con un poco más de asistencia. Se imaginó que sería como siempre. No entendía por qué la mayoría de los estudiantes se presentaban a su clase todos los días. Lo que es peor, querían aprender algo. A falta de buenas habilidades de enseñanza, el señor Dermis fue a Plan B, el hablaba mucho. Se imaginó que sería más fácil. Hablar a los estudiantes y ellos escucharían. Él enseñó historia, por lo que cada vez que él no sabía algo, él inventaba cosas. ¿Qué importaba, los estudiantes no estuvieron vivos durante la guerra civil?, ¿cómo iban a saber lo que pasó?

El plan del señor Dermis no le fue bien en la nueva escuela. En su primer día, la mayoría de sus estudiantes escucharon con atención a su conferencia pero unos pocos se aburrieron a la mitad de la clase de una hora. Un par de estudiantes empezaron a hablar. El señor Dermis comenzó a gritarles. Ellos se calmaron inmediatamente. A medida que pasaban las semanas sin embargo, gritarle a los niños se convirtió en el en un plan del señor Dermis. Los estudiantes en su clase hicieron cada vez más ruido y como lo hacían, los gritos del señor Dermis se hicieron más recuentes y menos eficaces.   La clase del señor Dermis se llevaba a cabo en el segundo piso en el lado interior de un edificio en forma de herradura. Daba a un hermoso patio con flores y arbustos que rodean una pasarela de cemento bobinado señorial con bellos bancos de piedra intercaladas. En los 75 años que había existido la escuela la pasarela había sido siempre un entorno tranquilo donde los estudiantes podrían estudiar o comer el almuerzo y donde los empleados podían sentarse tranquilamente y recargar sus baterías en su descanso.

El señor Dermis siempre mantuvo sus ventanas abiertas. El prefería el aire fresco a la atmósfera artificial creada por aire central. Dentro de un mes de la llegada señor Dermis, se convirtió de un lugar común la pasarela de tranquilidad a ser una perturbada por el señor Dermis con sus gritos frecuentes y algo de vez en cuando volaba por la ventana a la pasarela. A mediados del primer semestre, las visitas de la administración a la clase del Sr. Dermis hicieron cada vez más frecuentes. El señor Dermis se le dijo que se esperaba que enseñara en realidad y dejara de inventar las cosas.

El señor Dermis en realidad trató de mejorar su enseñanza. Empezó por ver un programa de historia en la televisión y a leer libros sobre los períodos específicos de la historia en realidad estaba enseñando. Todavía tenía un problema con el comportamiento de los estudiantes y el todavía usaba el método de gritar mucho para tratar de controlarlos. Los estudiantes se había percatado de las cosas que hicieron antes y perdieron respeto por él. El señor Dermis estaba teniendo un semestre muy pesado en su nueva escuela preparatoria del lado este.

El señor Dermis menudo se le podía ver en la sala de profesores en su período de conferencia y en su hora de almuerzo. A menudo parecía cansado y abatido. Un lunes por la mañana el Sr. Pierce, un profesor de física en la escuela, se dio cuenta de que el señor Dermis estaba realmente animado. Tenía un viejo tocadiscos que estaba limpiando con un trapo húmedo. Pierce se dirigió al señor Dermis y le preguntó por qué parecía tan animado

El señor Dermis le dijo que iba a estar enseñando sobre la gran depresión esta semana y que se encontró con un viejo tocadiscos que podría ayudar a los estudiantes a entender sobre la gran depresión. El Sr. Pierce continuó con su día y hacia el último periodo, que casualmente el pasaba por la acera de bobinado en el patio de abajo del aula del señor Dermis. Podía oír el señor Dermis hablando de la gran depresión y entonces oyó la aguja sobre un disco de vinilo. Oyó que toco y luego oyó "Hobo Joe, Hobo Joe, eres un vagabundo." Entonces oyó al señor Dermis gritando y vio el tocadiscos volando por la ventana del señor Dermis y estrellarse contra el pavimento.

La comida de la cafetería

Letra de Mark Wilkins

Según fue grabada la banda de The Loveforce
Collective Feat: Teacherz

Escuchen a canción por gratis en : bandcamp.com
abajo el groupo
"The Loveforce Collective"
Verso 1

Esa es una pizza

¿la estamos teniendo el día de hoy?

¿Por qué el pepperoni

Se vuelve gris?

El Pollo a la King

Se ve avejentado

¿Ha sido este lugar

Junta de Salud de clasificado?

CORO 1

Comida de la cafetería

Podrida, repugnante,

Horneada a la mitad y el cruda

Te pone en

Un estado de ánimo institucional

Te da náuseas

Te pone de mal humor

¡Todos odiamos comida de la cafetería!

Verso 2

La leche y zumo

Expirados la semana pasada

Se trituran las patatas

Con sus pies

La avena esta cruda

El pan de maíz se desmorona

Los espaguetis se mueven

Hay que llamar a la guardia nacional!

CORO 1

comida de la cafetería

Podrido, repugnante,

La mitad horneada y cruda

te pone en

Un estado de ánimo institucional

Te hace náuseas, Te pone de mal humor

Todos odiamos comida de la cafetería!

El llavero

Sherman fue un gran maestro, no había ninguna duda al respecto. Era dedicado y popular entre los estudiantes. Fue entrenador del equipo de béisbol después de la escuela. Sherman había estado en la Escuela preparatoria Eisenhower durante muchos años y en los últimos años, que había adquirido muchas llaves en su llavero de la Facultad.

El Sr. Mc Nulty recuerda cuando empezó en Eisenhower, y poseyó un llavero lleno de llaves que nunca usó. Las devolvió todas menos tres de ellas a la oficina principal. El Sr. Sherman gritó el Sr. McNulty cuando oyó hablar de él.

"¿Estás loco?" Gritó, "!Nunca devuelvas las llaves, las llaves son una medición de su estado en el campus. Las llaves son el poder! "

Ahora, diez años más tarde y el Sr. Mc Nulty fue a la Unión representando a los maestros de la escuela. Un día, un profesor de reemplazo llegó a su habitación y le dijo que tenía que ir a la oficina del subdirector por negocios de la Unión. Cuando llegó allí fue recibido por el Sr. Beedy, un ambicioso, joven subdirector.

El Sr. Mc Nulty conocía al Sr. Beedy desde hacía tres años. Cuando llegó por primera vez a Eisenhower era conocido del principal Gipson, él era un administrador de baja categoría y como resultado se mantuvo en un perfil bajo. Solía preguntar a Mc Nulty que le ayudara a escribir sus memorándums, porque no estaba seguro de sí mismo. El año pasado, sin embargo, Gipson fue sustituido por el Sr. Jessup. El Sr. Jessup fue subdirector en la preparatoria Mills junto con el Sr. Beedy. Ahora Beedy pasó a un puesto superior a ser la mano derecha del director.

"Te estoy llamando por cortesía." Beedy dijo Mc Nulty de manera abrupta, con un tono nervioso en su voz. "Esto ya es un hecho pero el señor Sherman me sugirió que le diga antes de proceder."

"Está bien", dijo Mc Nulty.

"El jefe de los intendentes el sr. Atkins estaba haciendo sus rondas esta mañana y encontró a dos estudiantes de pie en una puerta con el llavero de un profesor. Agarró el llavero y llevó a los estudiantes a mi oficina. Después de entrevistarlos, me dijeron que estaban guardando equipo para el Sr. Sherman. "Explicó el Sr. Beedy".

"Así que el Sr. Sherman utiliza su falta de criterio en la entrega de las llaves a los estudiantes y los dejo desatendidos." Declaró el Sr. Mc Nulty.

"Oh, se pone peor", respondió Beedy. "Al examinar el llavero me encontré con alrededor de una docena de llaves duplicadas y que, usted sabe que, Sr. Mc Nulty, que hacer las llaves del distrito es algo más que una violación de la política del distrito, es un crimen."

"¿Y qué hizo señor Beedy?", Dijo Mc Nulty lenta y deliberadamente como la ira que llenó sus ojos.

"¿Por qué?, llame el señor Sherman a mi oficina, tenía un policía de la escuela esperando conmigo y le dije que iba a tener que despedirlo, detenerlo y lo iban a sacar esposado en medio del almuerzo. El Sr. Beedy dijo nervioso. "Pero el señor Sherman me dijo que mejor debía de decirle antes de hacer nada." Continuó.

"Bueno, es una cosa buena que hizo." Dijo el Sr. Mc Nulty. "!Debido a que habría cometido el mayor error de su carrera, si hubiera hecho eso!", Continuó.

"¿Cómo lo sabe?", Preguntó el Sr. Beedy.

"Todas las llaves del distrito dicen que no se dupliquen, ¿verdad?", Preguntó el Sr. Mc Nulty

"Correcta.", Respondió el Sr. Beedy

¿"Y usted sabe que no se puede ir con un cerrajero a duplicar llaves de distrito porque están conscientes de que es un crimen, correcto?", Dijo Mc Nulty.

"Supongo." Respondió el Sr. Beedy.

"Entonces, ¿cómo fue posible que el Sr. Sherman fuera capaz de duplicar las llaves en su llavero?" Sr. preguntó Mc Nulty.

"Podría tener ..." Sr. Beedy respondió con timidez.

"¿Estás diciendo que el Sr. Sherman tiene una duplicadora de llaves en su casa?", Bromeó el Sr. Mc Nulty con rabia.

"Bueno, yo no estoy diciendo que...", respondió el Sr. Beedy.

"Señor. Beedy, si usted va a hacer que al señor Sherman lo arresten, mejor que tenga una mejor prueba irrefutable de que duplico esas llaves. "Declaró el Sr. Mc Nulty. "De lo contrario, será la apertura de esta escuela y este distrito a una gigantesca demanda.", Continuó.

El Sr. Beedy pensó por un minuto. Como pensó que seguía tratando de explicar al Sr. Mc Nulty puntos que tenía pero nunca pasó de decir palabras sueltas como, pero, si o que fueron seguidas por él moviendo la cabeza. Finalmente, él frunció los labios como si fuera a decir algo profundo.

¿"Si no tiene una detención o un despido que es lo que tengo?", Preguntó el Sr. Beedy.

"Usted tiene una carta de amonestación por falta de criterio por dar la propiedad escolar a los estudiantes y dejarlos sin vigilancia.", Respondió el Sr. Mc Nulty.

Como resultado de la reunión, el Sr. Sherman tuvo una carta de amonestación. Él no fue despedido o detenido. No lo esposaron en frente de los estudiantes él siguió siendo popular, y la escuela y el distrito evitaron una demanda. El Sr. Sherman, siguió siendo popular continuó enseñando y era entrenador en la preparatoria Eisenhower durante muchos años más. El Sr. Mc Nulty continuó siendo representante de la Unión.

En cuanto al señor Beedy, que evitó hacer lo que habría sido un error y la conclusión de la carrera. Fue ascendido a director en otra escuela un año más tarde. Fue despedido por incompetencia dos años después de eso, cuando trató una táctica similar en la escuela donde él era director y no había nadie con la sabiduría y la previsión del Sr. Mc Nulty para detenerlo.

Hora de entregar las calificaciones

Letra de Mark Wilkins

Según fue grabada la banda de The Loveforce
Collective Feat: Teacherz

Escuchen a canción por gratis en : bandcamp.com
abajo el groupo
"The Loveforce Collective"

VERSO 1

Usted ha estado jugando

Teniendo su diversión

 Su trabajo en clase es descuidado

No ha hecho su tarea

De repente

Todo estalla

La venganza del maestro

Tu corazón de para

CORO

La hora de entregar calificaciones

La carga es de usted

Para subir sus calificaciones

Mejor hacerlo rápido antes de que sea demasiado tarde

Verso 2

Compensar las asignaciones

Estudiar todo el día y la noche

Tengo que darlo todo

Para que esto salga bien

Apagar la tele

Desconecte el teléfono

Usted se metió en este lío

Tiene que salir de esto usted solo

CORO

Es hora de entregar calificaciones

La responsabilidad está en usted

Para mostrar sus calificaciones

Antes de que sea demasiado tarde

Las calificaciones van a ser entregadas!

La corrupción, el escándalo y Renuncia

En el distrito escolar es controlado por un grupo de multimillonarios

La corrupción, el escándalo y Renuncia

En el distrito escolar es controlado por un grupo de multimillonarios

El escándalo y la corrupción en el distrito
escolar Controlado por Millonarios

Voy a contar una historia acerca del Distrito Escolar que he estado siguiendo. Es un distrito grande en el oeste de Estados Unidos. Durante la última década se ha estado luchando para deshacerse del control a distancia de un grupo de multimillonarios que han decidido gastar dinero comprando las elecciones de la junta escolar. Los puestos de la Junta Escolar de este distrito esta entre los más caros de la nación casi siempre cuesta millones de dólares para ganar un puesto que paga alrededor de $ 50.000 al año.

Hace algunos años, los multimillonarios fueron capaces de poner un Superintendente para que se cumplan las órdenes a su manera. Se llamaba el mismo un Doctor, pero él consiguió un doctorado con 9 unidades de trabajo en lugar de los normales 45. Abogó que gasto un billón de dólares para comprar equipos para el distrito y el uso los fondos destinados a mejorar los edificios, mientras que celebraban la compra de acciones de una empresa de computadoras. También parecía haber dado ese estatus preferencial a la empresa en la licitación para el contrato de mil millones de dólares. Cuando la prensa local se quejó de eso, él vendió las acciones pero es incierto si las vendió de plano por una pequeña ganancia o si se lo vendió a un "amigo" por $ 1 con la idea de comprarlas de nuevo con ventaja en el futuro.

Este laborioso Superintendente también contrató a una gran cantidad de contratistas externos para resolver muchos de los problemas del distrito. Él nuevo y "mejorado" sistema de asistencia y registro del distrito ya que el anterior funcionaba bien este "nuevo" más caro nunca hizo lo que se suponía que debía hacer. Tomo un escándalo sexual de una escuela y lo convirtió en una cacería de brujas del distrito donde puso maestros en la cárcel del distrito para ser acusado de nada por nadie. También defendió y patrocino leyes a nivel estatal para despedir al instante a maestros por el solo hecho de haber sido acusados de algo malo sin ningún delito y sin el debido proceso.

Un ejemplo típico es un maestro que pusieron en la cárcel maestro por reprobar dos estudiantes. Los estudiantes lo acusaron de que el los golpeo delante de una clase llena de estudiantes. Cuando los administradores escolares entrevistaron a la clase completa o sea los "testigos" ninguno de ellos vio que el maestro golpeara a nadie. Uno de sus dos acusadores se retractó de su declaración y dijo a un administrador que él y el otro estudiante inventaron la historia para conseguir que el profesor fuera despedido porque los réprobo. El maestro fue perdonado por la administración de la escuela, pero cuando la madre del estudiante acusando que no se retractó de su historia se presentó en una reunión con un superintendente adjunto y se quejó, al profesor fue puesto en la cárcel.

Superintendente renunció. Los miembros de la Junta Escolar cuyas elecciones fueron pagados por los multimillonarios y que colaboraron con él todavía están en el poder. Trajeron una persona nueva que esta de Superintendente reemplazando al anterior como un Superintendente interino. El Superintendente quien fue reemplazado, se vio obligado a renunciar porque se estaba pagando $ 100.000 al año adicional como un "consultor" a una compañía de libros donde el distrito compra sus libros. También fue acusado de acoso sexual de una empleada que trabajó con él. El distrito todavía le puso su nombre a una escuela. Tan pronto como tomo el poder de nuevo, otro acoso sexual salió a la superficie en contra de él. Los miembros de la Junta Escolar que colaboraron con la corrupción de la Superintendencia han sido reemplazados, pero la corrupción no va a terminar con su renuncia.

El amable señor Bluster

El Sr. Bluster era un muy amable, un dulce, gentil, hombre de edad avanzada que enseñó a los estudiantes discapacitados en una escuela preparatoria pública. Sr. Burns le veía en las mañanas antes de la escuela, ya que ambos llegaban a la escuela 90 minutos más temprano diario. El Sr. Bluster siempre fue muy amable. Decía hola a todos los que pasaban caminando por los pasillos. Sus estudiantes comentaron sobre lo amable que era.

Sr. Burns no había estado ausente en más de 17 años. A medida que el semestre avanzaba, se dio cuenta de que el Sr. Bluster, que era nuevo en la escuela y él también había estado allí todos los días. Esto impresionó al Sr. Burns. Tenía la intención de decirle al señor Bluster lo impresionado que estaba con su excelente asistencia, pero con la cantidad de trabajo que era necesario para ser un maestro siempre se puso en su camino y que a menudo se le olvidaba, sin recordarlo hasta que ya estaba en su camino a casa del trabajo.

Entonces, un día, el Sr. Bluster estubo ausente. Entonces él estuvo ausente la siguiente vez. Cuando el Sr. Bluster estaba ausente un tercer día consecutivo, el Sr. Burns comenzó a preocuparse. En el cuarto día el Sr. Bluster regresó. Sr. Burns se acercó hasta él a primera hora de la mañana, mostrando su preocupación y preguntó por qué el señor Bluster había estado fuera durante tres días seguidos.

"Yo tenía que tener algo de cirugía reconstructiva en la mandíbula.", Respondió el Sr. Bluster.

"La cirugía reconstructiva, ¿estás seguro de que has tiene suficiente tiempo para sanar?", Replicó el Sr. Burns.

"Sí, estoy bien.", Declaró el Sr. Buster. "Sólo necesitaba una cirugía definitiva sobre mi mandíbula, sólo un par de dientes en este momento." Continuó.

"¿Cómo cuantos veces ha tenido cirugías reconstructivas en su mandíbula?" Pregunto Sr. Burns.

"Siete." Respondió el Sr. Bluster.

"¿Qué pasó?", Preguntó el Sr. Burns.

El rostro del señor Bluster palideció y su rostro se entristeció por la desgracia cuando comenzó a contar su historia.

"Hace unos cinco años, estaba caminando hacia mi coche por el estacionamiento de un centro comercial y cuatro adolescentes me asaltaron. Uno de ellos me golpeó en la cara con un bate de béisbol. Mi mandíbula se rompió y tuvieron que juntarla de nuevo con varias cirugías. "Explicó el Sr. Bluster.

"Wow!", Exclamó el Sr. Burns. "Pobre hombre, debe haber tenido un montón de dolor." Dijo con simpatía.

Un repentino brillo en sus ojos cambió la triste expresión del señor Buster a una más animada.

"Yo estaba con un dolor severo cuando recuperé la conciencia después de estar inconsciente durante unos segundos. Cuando vi a los cuatro chicos de pie a unos metros de distancia esculcando mis bolsas del supermercado y la cartera. También vi que habían abandonado el bate de béisbol. Me di cuenta de que estaba a mi alcance. Lleno de dolor, me acerqué, cogí el bate y me tambalee hacia los cuatro chicos. "Dijo.

"Así que los chicos se escaparon?", Preguntó el Sr. Burns.

"Trataron", respondió el Sr. Bluster pero yo los cogí los golpee y les di en la torre a la mierda con ellos! Les pegue, les pegue! Les pegue a la mierda de todos ellos! "

"Wow!", Respondió el Sr. Burns. "¿La policía le hizo cargo por todo esto?"

"No sé", respondió el Sr. Bluster. "Cogí mi billetera, mi dinero y mi bolsa de comestibles. Entonces, me fui a mi coche y me marche.

Sólo otro día en la oficina

 La preparatoria Hiram Whitmore fue nombrada
después de un Coronel del Ejército de la Unión
durante la guerra civil americana. La escuela fue
una de las primeras establecidas hace como unos
ochenta años cuando la comunidad fue creada y
antes era un barrio de clase media alta. Como los
tiempos cambian, la población original se extinguió
y la mayoría de sus hijos se cambiaron a los
suburbios, el barrio que rodea Whitmore también
cambió. Las casas grandes se han deteriorado por
años de abandono de la clase media baja y de los
pobres que vivían en ellas. La pobreza, el crimen y
la plaga a la adicción a las drogas todo esto hizo
que se convirtiera en lugar común.

Una vez que había sido un modelo de excelencia en la educación, Whitmore gano muchos premios académicos y tenía buena posición entre las instituciones educativas de la nación eso fue durante e incluso después del tiempo que la clase media alta se desapareciera de sus sagrados recintos. A mediados de la década de 1970 la escuela comenzó a perder su brillo y aunque hubo algunos estudiosos que sobresalieron en todos los años, se convirtió en sinónimo de otros pozos negros de la educación pública y se conoce comúnmente como "La preparatoria Witless ".

El señor Wilson sabía exactamente cómo acabó la escuela preparatoria Hiram Whitmore. Él acababa de ser contratado por el distrito cuando se le ofreció el trabajo como profesor de inglés en Whitmore. De inmediato lo acepto, sobre todo porque, él no sabía de nada mejor. La escuela estaba en un barrio peligroso lleno de estudiantes violentos y una facultad mediocre.

El empezó a trabajar alrededor de una media hora más temprano ese martes, era la decimoséptima semana del cuarto año de su carrera docente. Entró en la sala de profesores donde se oía quejas de la Sra. Amargo que se quejaba de Johnny Rockisaw que escupió en su bolso en fue una reacción instintiva cuando le dio un 0 por un dibujo que hizo sobre la naturaleza muerta. Los estudiantes la llamaban "La Nazi" Sra. Amargo exigía a sus estudiantes los más altos estándares, que esperaba que siguieran paso a paso sus órdenes y les gritaba y les ridiculizaba sin piedad cuando no lo hacían. Ella solamente era agradable con ellos cuando los administradores llegaban a observar su clase, así cómo los nazis eran agradables cuando el programa de trabajo de cuando los representantes de la Cruz Roja llegaban a visitar los campos de prisioneros.

De repente, la Sra Bozono vino caminando hacia el salón de los maestros. Ms. Bozono era su nombre apropiado. Ella estaba en a mediados de los años cincuenta, alta, muy delgada y al contrario que la mayoría de las mujeres, se estaba quedando calva. Su calvicie se concentró en el medio de su cuero cabelludo. Para compensarlo, se dejó el pelo en los lados extremadamente largos. Ella diseñó el pelo recogido en un permanente así que su pelo, literalmente, parecía de Bozo. Ya después de haber tenido tres matrimonios y divorcios, la Sra. Bozono estaba siempre en la caza del marido número cuatro. La Sra. Bozono habló en voz alta: "Estoy buscando marido." Los seis miembros de la facultad de sexo masculino en el salón al mismo tiempo se dieron cuenta de que era casi la hora de la clase, por lo que salieron corriendo de la habitación a toda prisa.

Mientras se dirigía a su salón de clases, el Sr. Payoso se acercó a él. El Sr. Payoso, subdirector de la escuela, era un tipo serio y cómico a la vez era un hombre corpulento. Él era a menudo de carácter suave pero tenía un temperamento violento que en ocasiones cuando se enojaba. El Sr. Payoso estaba en Whitmore porque él había golpeado a un estudiante que estaba a punto de atacarlo. El distrito no lo podía despedir, porque él estaba actuando en defensa propia, pero la política del distrito dicta que los empleados de ser agredidos o golpeados deben sólo sonreír y aguantarse. Las autoridades del distrito trasladaron al Sr. Payoso a Whitmore como castigo por protegerse a sí mismo.

"Wilson", tengo un presupuesto para que lo firmes, ¿puedes venir a mi oficina después del 1er periodo. "Dijo el Sr. Payoso.

Wilson era también el representante del sindicato, un trabajo ingrato que nadie quería, por lo que tenía que firmar todos los presupuestos de la escuela.

"Uh, está bien." Dijo Wilson como respuesta.

Durante el primer período, el Sr. Wilson tenía a los alumnos que leyendo "Los Hermanos" Amigos, una historia sobre boxeo y amistad. Intentó hacer hincapié en cómo la amistad era un tema importante en la historia. Él comparó la amistad de los Amigo hermanos a la amistad entre los boxeadores de peso pesado Joe Louis y Max Schmeling. Louis derroto a Schmeling cuyas victorias en el boxeo, victorias a mediados de los 1930 se utilizaron como propaganda por la Alemania nazi en un momento en que estaban promoviendo la superioridad de Aryan. Los dos hombres se hicieron amigos de por vida después de la pelea. Por desgracia, la analogía de Wilson se perdió con los estudiantes que nunca habían oído hablar de Joe Louis, ni hablar de Max Schmeling.

El próximo período que era el segundo período fue periodo de preparación de Wilson. Tan pronto como terminó la clase, Wilson fue a la oficina del Sr. Payoso. El Sr. Payoso un gesto le pidió que le entregara el formulario del presupuesto. Wilson lo examinó y encontró algo inquietante.

"Aquí dice que está utilizando fondos de una cuenta 5500 para los libros de texto." Declaró Wilson.

"Sí, el Sr. Bikini necesita algunos libros de texto para su clase de álgebra 2." Respondió el Sr. Payoso.

"Es mi entendimiento la cuenta 5500 es un fondo de construcción. ¿No es el dinero necesario para comprar escritorios de los nuevos salones? "Wilson declaró.

"Sí, pero esto es una emergencia y no podía encontrar dinero en otra parte." Intervino el Sr. Payoso.

En ese momento, la Sra Bozono irrumpió en la habitación llorando histéricamente. El Sr. Payoso frunció el ceño.

"¿Qué pasa Sra. Bozono?" Preguntó Wilson.

¡"Mi tesis maestra!", Exclamó. "Se la di a mi asistente para copiar y la perdió." Ella continuó.

"Déjame ver si lo entiendo..." Sr. Payoso declaró con fosas nasales que indicaban ira, "ha utilizado una máquina copiadora del Distrito para copiar su basura personal!", ha concluido.

La expresión facial de la Sra. Bozono cambió de uno de triste angustia a la ira extrema.

¡"Métetelo Payoso, grandísimo, tonto, payaso! Acabo de perder seis meses de trabajo debido a la incompetencia de su personal de la escuela! No necesito esta mierda! Estoy terminando mi maestría en Administración y ando en busca de un marido. ¡Renuncio!" dijo.

Entonces ella salió corriendo y dejó la escuela, para no volver jamás.

De la clase de la Sra. Bozono estaba al lado del Sr. Wilson y Wilson no tenía clase ese período, así que el Sr. Payoso envió Al Sr. Wilson a cubrir la clase de Ms. Bozono por el resto del período.

A pesar de que su clase estaba al lado de Wilson nunca había entrado antes en la clase de Ms. Bozono. Todo lo que sabía era que por lo general era ruidosa y había golpeteo de periódico sobre la pared. Ahora, había un grupo de estudiantes de pie en frente de la clase en espera de su maestra abrira la puerta.

Wilson abrió la puerta y fue recibido por una extraña visión. Hubo varios tamaños y colores de papel de construcción apilados y esparcidos por la habitación. Las paredes y el techo estaban cubiertas con letras. No palabras, sólo letras alfabéticas engrapadas al azar en todas partes. Una alumna, pequeña y gordita se acercó a Wilson.

"¿Vamos a leer un libro hoy?" le preguntó con esperanza.

"Por supuesto, esto es una clase de Inglés." Respondió Wilson. "¿Por qué, ¿qué es lo que suele hacer aquí?", le preguntó.

"Esa señora loca nos hacía cortar las letras de papel y las engrapábamos en las paredes." Replicó la chica.

El período transcurrido más rápidamente ya que Wilson tenía a la clase de Ms. Bozono leyendo Los hermanos, Amigos. Parecían disfrutar realmente el estar haciendo trabajo para variar.

Wilson se dio cuenta de que la Sra. Bozono era posiblemente la peor maestra que había encontrado desde la señora Gluton. El cubrió la clase de la Sra. Gluton varias veces su primer mes en Whitmore. Con frecuencia se reportaba enferma y siempre tenía el mismo plan de lecciones. Siempre dijo que los estudiantes leyeran la página 87 y respondieran a las preguntas 1-6. Fue frustrante tanto para los estudiantes como para el que tuvo que cubrir su clase. Alrededor de una semana después de la última vez que Wilson se cubrió la clase, el FBI vino y la detuvo por estafas al gobierno. Se había puesto los nombres y números de seguro social de cerca de 30 de sus estudiantes y de 10 familias diferentes pusieron todas sus direcciones como la dirección de su casa con diferentes números de apartamento a pesar de que la señora Glotón vivían en una casa, y no había apartamentos. La detención se produjo de forma inesperada y la Sra. Glotón dejó su nuevo Cadillac estacionado en el campus de Whitmore. En el momento en que fue remolcado. Tres días después, estaba lleno de arañazos y abolladuras, las ventanas estaban rotas y ruedas fueron removidas.

El próximo período pasó rápidamente esperando la llegada para el almuerzo. Wilson hizo cola en la cafetería de los maestros, que por extraño que parezca, se sirve la misma comida en la cafetería que a los estudiantes pero al triple del precio. Wilson se resignó a asentarse con una chalupa y una ensalada correosa. Al igual él pagó por su comida Sr. Payoso se metió en la fila frente a los maestros que quedaban en la línea. Llevó a la señora Poolay de la mano. Le dijo a la trabajadora de la cafetería que le sirviera a la señora Poolay y le dijo a la señora Pollay que él le daría una carta de amonestación la próxima vez la viera parada en la línea de los estudiantes tratando de conseguir su comida por un precio más bajo. La señora Pollay se limitó a preguntar cuanto era por la sopa y cuando se le dijo que era un dólar, pidió sopa en su fuerte acento francés.

Wilson sufrió con su almuerzo al terminar y salió de la cafetería. El cuarto y quinto periodo fueron sorprendentemente bien. Sexto período, el último del día, oyó una gran cantidad de ruido que venía de la clase de Ms. Bozono. Él abrió la puerta que era contigua a su habitación y la Sra. Bozono. De inmediato se dio cuenta de que las luces estaban apagadas. Vio a varios estudiantes que hacian y lanzaban aviones de papel el uno al otro. Un par de estudiantes estaban jugando un juego llamado lucha manía. La señora Poolay estaba sentada en la oscuridad, leyendo un periódico. Sentía pena por la señora Poolay. Ella era una mujer de 83 años de edad, profesora jubilada que tuvo que salir de su retiro porque se perdió la mayor parte de su pensión en el desplome de la bolsa del 2008. Ella era un poco senil y realmente no podía manejar los estudiantes, pero necesitaba el dinero para pagar su alquilar. Se preguntó qué pasaría con la señora Poolay si no tuviera este trabajo. La señora Wilson le recordó a la Sra.Poolay de Mc Ginny.

La señora Mc Ginny era una profesora que trabajaba en Whitmore mucho más allá de sus mejores momentos. Era vieja, senil y cascarrabias. La mayoría de sus estudiantes reprobaban su clase porque ella había perdido la mayor parte de las tareas que se le entregaban a ella. Ella solía sentarse y mirar a las paredes. Sus estudiantes, comprensiblemente aburridos, agujeraban, todo esto llevo a la destrucción de su salón de clases. Ellos grabaron el graffiti no sólo en los escritorios, paredes hasta en el suelo. Incluso se llevaron las teclas de su teclado de la computadora y las volvían a poner en la posición incorrecta.

Sra. Mc Ginny se retiró demasiado tarde. Tenía un montón de dinero, pero no tienen familiares para que cuidaran de ella o para que la checaran a ella de vez en cuando. Todo lo que tenía era su pequeño chihuahua Tinkerbell. Se retiró en junio, y murió en su desembolsado condominio en octubre del mismo año. Su cuerpo no fue encontrado hasta marzo del año siguiente, el esqueleto de un Chihuahua estaba acurrucó a su lado.

Miró a la señora Poolay un poco más tarde. Los estudiantes estaban haciendo lo que hacían antes, pero la señora Poolay estaba sentado en su escritorio con un cesto de basura sobre su cabeza. Wilson retiro el cesto de basura, y calmo a los estudiantes. Más tarde, ella le gritaba a Wilson para que la ayudara. Él abrió la puerta para encontrar que una estudiante había puesto todos los escritorios en la forma de una pista de aterrizaje que culminó en el escritorio de la señora Poolay. El estudiante fue caminando encima de ellos y estaba a punto de entrar en la cabeza de la señora Poolay cuando Wilson abrió la puerta y le dijo que bajara y tomara asiento.

Todos los estudiantes escuchaban al Sr. Wilson. Él no tenía problemas con la disciplina. No era como que su primer año, volvía la cabeza para escribir la respuesta a una pregunta que había pre-escrito en la pizarra y 23 hojas de papel hechas bola volaron hacia su cabeza. La tercera semana de su segundo año, sin embargo, algo le ocurrió que cambio todo eso. Un estudiante con quien había simpatizado fue detenido por intentar vender cocaína a un policía encubierto. Salió en libertad bajo fianza, el muchacho 17 años pensó que estaría por lo menos 20 años en la cárcel. El saltó la valla de la escuela y entró en la clase del Sr. Wilson. Él abrió su mochila de deporte, sacó una pistola y la puso en la frente de Wilson.

"¿Qué vas a hacer ahora el señor?", Dijo burlonamente El chico.

Wilson sabía que el niño no sería capaz de apretar el gatillo al único maestro con el cual simpatizaba

"Aprieta el gatillo" Lo desafió Wilson.

El chico se rio, puso la pistola en la bolsa de deporte y salió de la clase. Wilson no presentó cargos contra el chico. El caso de la cocaína no se concretó con la policía y el chico terminó consiguiendo un trabajo como supervisor en un almacén cuando tenía 19. Él hizo más dinero que Wilson.

Desde ese día, Wilson nunca no tuvo ningún problema con la disciplina. La palabra del incidente se extendió a través de un molino de chismes entre los estudiantes. Wilson fue considerado como el maestro loco que se quedó mirando al cañón de una pistola y le dijo al estudiante que, apretara el gatillo. Los estudiantes pensaron si era lo suficientemente macho para hacer eso, lo que iba a hacer a los estudiantes desarmados si él se enojaba. Si alguna vez se alteró, todo lo que tenía que hacer era levantar la voz un poco y se encontró con el cumplimiento inmediato.

Calmar las rebeliones en la clase de al lado y en su clase aun así, el resto del sexto período pasó rápidamente. Cuando termino el día, Wilson firmó, y abandonó el edificio principal, dejando el presupuesto de la vice principal sin firmar. Mientras conducía a casa, pensó en sus colegas que había encontrado ese día. Pensó en otros también.

Pensó en el Consejero que solía dormir todo el día y fue arrestado en el popular programa de televisión de 60 minutos, por sus actividades nocturnas de ser el presidente de una "universidad", con una fábrica de diplomas con nombramientos, todo pagado con el dinero en efectivo, y que eran completamente inútiles. Pensó en el maestro de matemáticas que estaba viviendo con una estudiante de 15 años de edad y quien fue despedido no porque padres de la niña se quejaron pero debido a que sus abuelos se quejaron. Pensó en el maestro de estudios sociales que renunció para convertirse en un oficial de policía, el profesor de ciencias que fue desplazado después de haber tenido un colapso mental en una reunión de la facultad y el primer maestro año que renunció porque no podía soportar estar con tantos incompetentes. Él los recordaba y se preguntaba cómo habían llegado a ese circo. En el fondo de su mente que albergaba la sospecha de que tal vez él encaja perfectamente.

Misterios de la Vida

resueltos de un adolescente

 ¿Usted sabe cómo sus padres siempre están diciendo que no haga cosas, pero nunca te dice por qué? Te dicen cosas como tienes que trabajar duro, obtener buenas calificaciones, respetar a los demás, ser cuidadoso con la compañía que buscas y mantenerse alejados de las drogas y el alcohol. Todos los misterios están a punto de ser resuelto. Este artículo les va a decir por qué.

Los padres le dicen que trabaje duro y obtenga buenas calificaciones ¿Porque?, porque para la mayoría de las sociedades de todo el mundo, la escuela es el camino hacia una movilidad ascendente. Incluso los más pobres de los más pobres de las familias puede moverse hacia arriba económicamente ya sea, social e intelectualmente como resultado de una buena educación. El ir a una buena escuela puede ayudarle a desarrollar con el tiempo en una persona más disciplinada, y más educada. El ir a una escuela adecuada podría ayudarle a conseguir las conexiones que le ayudarán a avanzar en el futuro.

La gente sin dinero y sin conexiones pueden entrar a una buena escuela, sólo a través de excelentes calificaciones. Graduarse será la clave para un buen trabajo. Un buen trabajo es la clave para el progreso económico.

Los padres le dicen que debe respetar a los demás. Ellos le dicen esto porque las personas que no respetan a las demás no se respetan a sí mismos.

Si usted consigue un trabajo y no respeta a sus colegas y clientes no tendrá un trabajo por mucho tiempo. Gángsters y criminales no reciben respeto. Ellos piensan que lo tienen, pero lo que realmente se obtiene es un falso respecto en sus caras mientras que la gente se ríe de ellos a sus espaldas. Esto es porque no tienen ni trabajo ni futuro. Ellos no respetan a nadie. Dan intimidación a través del miedo y tienen que llevar un arma para conseguir ese miedo. Eso es muy triste.

Los padres dicen que tenga cuidado con la compañía que buscas. Esto se debe a que eres juzgado por la compañía que buscas. Si se te juntas alrededor con los cerebritos, la gente piensa que eres uno de ellos. La gente pensará que eres inteligente. Si te juntas alrededor de la gente que maldicen mucho, el resultado final será que te maldijeran mucho. Si se junta alrededor de matones, la gente piensa que eres un matón o un deseas ser matón. Cuando son atacados por matones rivales adivina ¿quién sufrirá más las consecuencias? Tú lo las sufrirás. Mientras que los matones tienen otros matones de repuesto de seguridad, usted no tiene a nadie. Si matones cometen delitos, y te juntas con ellos automáticamente se convierte en un sospechoso. Los sospechosos pueden ser detenidos a veces incluso acusados de un delito. Incluso si no es condenado, es posible obtener una mala reputación. Una que te puede seguir hasta su vida adulta.

Los padres dicen que debe mantenerse alejado de las drogas y el alcohol. Esto se debe a que las drogas y el alcohol son adictivos. Pueden llegar a ser el foco de su vida, mientras que todo lo demás, incluyendo las cosas más importantes se quedan en el camino. Es difícil concentrarse en la escuela cuando esté influenciado. No se puede concentrar, no puede pasar clases. Si no se puede pasar clases, no se puede graduar. Si no se gradúe, no puede conseguir un trabajo decente. Antes de que usted lo sepa, usted estará en los trabajos más duros. Si usted está drogado todo el tiempo no será capaz de mantener un trabajo.

Sobre todo si ya tiene una reputación e incluso un nombre de usuario que indica que es un drogadicto, lo más probable es que se va a seguir en el mundo del trabajo. ¿Quién va a contratar a un adicto a las drogas?

Hay razones por las que sus padres le dicen estas cosas. A lo mejor no le pueden contar. Tal vez ellos no saben cómo decirle. Las razones que son claras para ellos, pero las razones son claras y tienen un sentido lógico. Todos ellos se basan en tener cuidado. Sus padres se preocupan por su futuro. Ellos sólo quieren lo mejor para Ud. Ellos han vivido más que usted y tienen más experiencia con la vida que Ud. Ellos han aprendido de sus propios errores o de los errores de sus amigos. Pueden ver que hacer algunos de estos errores le están tratando de salvar de la agravación de sufrir las consecuencias de esos errores.

¿Quién va a enseñar a nuestros hijos?

La enseñanza era una vez una profesión muy respetada en América. Las horas eran largas, el trabajo era duro y los estudiantes no siempre mostraron su respeto. Al menos había seguridad en el empleo. La gente se dedicaba a la enseñanza para hacer una diferencia, para ayudar a construir el futuro y tener una profesión de la cual podían estar orgullosos y retirarse.

Ahora los de mayor edad, los buenos, maestros profesionales se ven obligados a retirarse antes de tiempo. Los más jóvenes, nuevos, buenos, maestros profesionales están siendo despedidos. Muchos de ellos pasaron años de su vida para conseguir un AA, una licenciatura y una o más credenciales de enseñanza. Algunos incluso tiene una maestría o trabajaron duro para convertirse en parte de la junta nacional certificada antes de que cualquiera de ellos sea despedido o tiene que salir a encontrar una profesión más segura debido a las amenazas constantes anuales de ser despedidos.

El movimiento Charter ha ejercido presión sobre el sistema de educación pública que ya está luchando financieramente y reemplazado escuelas públicas con las escuelas autónomas en vez de pagar a los maestros, incluso menos que las escuelas públicas. La rotación de maestros en las escuelas charter es extremadamente alto, incluso más alto que en las escuelas públicas.

Las personas en la universidad, que tienen la elección de poder elegir un trabajo mal pagado como maestro o escoger un trabajo inseguro, en una empresa insegura con tres veces el salario inicial. La inscripción en colegios para maestro a través de América se ha reducido un 75%. No es de extrañar, los que se matrículan en la educación en una de las principales Universidades para maestro es tan baja. Dentro de 5-10 años vamos a empezar a ver titulares como este "¿Quién va a enseñar a nuestros hijos?

Los distritos escolares han tratado de convencer a la gente con títulos en ingeniería que enseñe matemáticas o ciencias. Muchos de ellos, sin embargo, tienen pocas habilidades de enseñanza y con frecuencia no pueden controlar a los estudiantes que están enseñando. Los distritos escolares tratan de traer a los profesores de países del tercer mundo. Muchos de ellos pronto se dan cuenta de que han pasado de una cultura de respeto a los maestros a una de respeto a los estudiantes. Los que son buenos quedan tienen pocas posibilidades de éxito, ya que los estudiantes presentan quejas contra ellos porque no pueden entenderlos debido a sus acentos gruesos.

Con el tiempo, la enseñanza puede muy bien cambiar de una profesión a un lugar donde personas que están sin trabajo giran hasta que venga algo mejor. Estas personas no tendrán el compromiso con la profesión o para nuestros estudiantes que alguien que está en la carrera de maestro. Ellos van a estar en ella por un sueldo. Con los mejores y más brillantes que eligen como profesionales ¿Quién va a enseñar a nuestros hijos?

La nueva lección de Sr. Manosfelices

El Sr. Manosfelices había estado enseñando la materia de Gobierno de los Estados Unidos en la escuela preparatoria Bell durante al menos 20 años. Manosfelices no era su verdadero apellido. Era el nombre que los estudiantes le pusieron.

Desde el comienzo de su carrera, él empezó a escribir la información clave que quería que los estudiantes aprendieran acerca de un conjunto de páginas en un capítulo en la pizarra en el lado izquierdo de su habitación. Después de haber completado la escritura en la pizarra, pasaba unos minutos enseñando sobre el tema. Luego comenzaba la escritura en la próxima pizarra y cuando hubo terminado, él daba la lección. El procedimiento se repetiría hasta que se llenaban las siete de las pizarras en el aula.

Se esperaba a que los alumnos de su clase copiaran el material de las siete pizarras y luego la lección. Muchos estudiantes se quejaron de llegaron a tener calambres en las manos por escribir pero el señor Manosfelices nunca parecía tener ningún problema con la escritura debido a que el próximo período, borraría todos las siete pizarras y comenzaba de nuevo. Él lo hizo de esa manera por cinco períodos al día, cinco días a la semana, nueve meses al año durante 19 años.

Luego, el año pasado el director de la escuela le dijo que tenía que dejar de enseñar de esa manera. El director le dijo que las viejas formas de la enseñanza no eran buenas. Él le dijo al señor Manosfelices que tendría que seguir los nuevos métodos que los maestros su escuela estaban tratando. Un método que era más auto-dirigido para los estudiantes.

En los próximos meses, el Sr. Manosfelices comenzó a cambiar su estilo de enseñanza. En lugar de tener los estudiantes copiando sus siete tablas de pizarra, imprimió una serie de preguntas que guío a los estudiantes hacia la información clave en cada capítulo en el libro de texto. Los estudiantes les pareció que el nuevo método estaba mejor. Ahora, en lugar de recibir quejas sobre calambres en las manos, obtuvo quejas sobre congelación de cerebro.

Una mañana a finales de noviembre, el Sr. Manosfelices repartió una asignación.

"Tengo buenas y malas noticias para ustedes, los estudiantes, ¿cuáles desean escuchar primero?" Dijo.

"Vamos a escuchar las malas noticias!", Sugirió los estudiantes.

"!Tengo 25 preguntas para que las respondan hoy!" Les dijo a un coro de estudiantes que se quejaron desde sus escritorios.

"¿La buena noticia ...?" Dijo. "Es que todas las respuestas están en tan sólo cuatro páginas 331-334." Continuó.

Se dirigió a su escritorio para pasar lista. Cuando terminó, miró por encima de su clase. Varios de los estudiantes estaban en sus teléfonos celulares. Algunos tenían la cabeza hacia abajo y parecía estar durmiendo la siesta. Varios otros hablaban tranquilamente en pequeños grupos. Sólo dos de los estudiantes estaban leyendo sus textos y contestando las 25 preguntas. El Sr. Manosfelices se preguntó cómo la participación en su clase había deteriorado a este lamentable estado. La primera semana del semestre, cada estudiante trajo su libro a la clase. Por la décima semana cerca de la mitad de los estudiantes trajeron los libros. Por lo menos con la mitad de la clase que tenían libro, los estudiantes podrían emparejarse y responder a sus preguntas. Ahora, en la semana 17 de 20 semanas del semestre se había reducido a dos estudiantes que traían su libro. El decidió hacer algo al respecto.

Empezó preguntando a los estudiantes donde estaban sus libros. La mayoría de los estudiantes dejaron sus libros en su casa, algunos de ellos estaban en sus casilleros de la escuela y algunos de ellos los dejaron en otras aulas. Algunos dijeron que perdieron su libro de texto. El Sr. Manosfelices se dio cuenta de que este nuevo método de enseñanza auto dirigida permitió a los estudiantes a no participar y optar por no llevar el libro de texto a la clase. La mayoría de sus estudiantes no tenían otra cosa en el mundo que hacer sino responder a las preguntas que les fueron asignadas.

"Estudiantes, vamos a suspender el uso del libro de texto el día de hoy." Dijo.

Los estudiantes observaron con extrañeza al Sr. Manosfelices.

"¿Qué vamos a hacer?", Se preguntó un estudiante.

"¿Qué tal si escribo un resumen de los puntos clave en la pizarra y los copia y el uso de esos puntos clave para responder las preguntas?", Dijo.

"!Está bien!" Gritaron la mayoría de los estudiantes.

¿Qué hay de nosotros? ", le preguntaron los dos estudiantes que trabajaban con sus libros de texto.

"Bueno ...", respondió el Sr. Manosfelices. "Puesto que ustedes ya comenzaron a contestar sus preguntas, los dos pueden seguir respondiendo las preguntas de esa manera." Continuó.

A continuación, el señor, Manosfelices comenzó a escribir. Comenzó en la pizarra en el lado izquierdo de su clase. Todos los estudiantes sacaron sus cuadernos y bolígrafos y empezaron a copiar. Cuarenta y cinco minutos y siete pizarras más tarde él termino. Varios de los estudiantes fueron garabateando, varios de ellos estaban terminando.

"Señor, hay sólo cuatro minutos para el final del período. Cuando se supone que vamos a responder a las 25 preguntas? ", Preguntó una estudiante.

"Supongo que todo tendrán que responder a ellas como tarea." Dijo que los dos estudiantes que trajeron sus libros a la clase lo entregaron sus tareas completadas.

"Por lo tanto clase, ¿cuál fue la verdadera lección de hoy?", Preguntó el Sr.Manosfelices triunfalmente.

"Traer los libros de texto a clase!", Respondieron varios de los estudiantes en conjunto.

Hap Wilson

Hap Wilson siempre fue un niño feliz. Que río y jugó mientras pudo. Él perseguía mariposas y, al llegar cerca de ellas, él solía extender su dedo índice y ellas luego se paraban en su dedo. Mientras caminaban encima de su dedo hasta la punta del mismo él les daba besos de mariposa con el parpadeo de sus pestañas.

Cuando Hap se hizo mayor, tuvo que a hacer frente a las exigencias de la escuela, y llevarse bien con otros niños, algunos de los cuales lo odiaba por ninguna razón que él se podía imaginar. Un niño, en particular, Harry Winkwater, hizo su vida escolar insoportable. Harry intimidaba Hap cada vez que podía. Harry tomaba a menudo su postre o incluso su plato principal del almuerzo escolar de Hap. Él se burlaba verbalmente de Hap en cada oportunidad que tenía. Así varias veces durante cada clase, Harry iba detrás de Hap y con su dedo índice le pegaba detrás de las orejas grandes de Hap.

Los maestros de Hap todos se hicieron de la vista gorda sobre esta intimidación. Su padre le dijo que debía defenderse y valerse por sí mismo. Su madre habló con la madre de Harry en un intento de conseguir que se detuviera. Eso pareció funcionar por un tiempo, pero una vez que Harry estaba fuera del castigo, regresaba a la intimidación contra Hap con una venganza.

A través de los años, como el acoso continuó, Hap comenzó a cambiar. Él no era el niño con una vida feliz, ni tenía la diversión que solía tener. Se convirtió en un niño deprimido, desesperado, que a menudo sentía que se quería suicidar. Entonces, un día, fue enviado a vivir con la hermana de su madre, su tía Frannie. La vida en casa de la tía Frannie era muy diferente. Fue a una escuela sin mafiosos. Era una escuela donde fue aceptado y efectivamente se hizo de amigos.

Hap fue prosperando en ese ambiente. Se destacó en la escuela, en los deportes e incluso tomó clases de karate. Se convirtió en cinturón negro en tan solo tres años.

Hap vivió con la tía Frannie durante sus años de secundaria. Cuando llegó el momento de volver a la escuela preparatoria, Hap, según lo acordado, era volver a vivir con sus padres. Tenía miedo de regresar, Hap confió sus temores a la tía Frannie. Le habló de Harry Winkwater y su acoso sin fin.

La tía Frannie le dijo que él era una persona diferente ahora, de lo que era cuando fue intimidado. Ella le dijo que había una posibilidad de que Harry Winkwater ni siquiera fuera a la escuela preparatoria a la que iba a ir él. Ella le dijo que si se encontraba con Harry Winkwater o cualquier intimidador, él no debía luchar, sino que simplemente esquivar los golpes del intimidador, obligándolo a gastar su propia energía. De esta manera, podría vencer al agresor sin tener que colocar una mano sobre él. Por último, la tía Frannie dijo a Hap que las personas como Harry Winkwater rara vez hacían algo importante en su vida, y como una mejor persona debía mostrar algo de compasión por Harry.

Hap volvió y fue a la escuela preparatoria este otoño. Efectivamente, Harry Winkwater estaba allí sentado detrás de él en su primer periodo de clases. Justo cuando menos lo esperaba, Harry movió su dedo índice detrás de la punta de la izquierda de la oreja de Hap.

"! Bienvenido de nuevo viejo amigo!" Susurró Harry con sarcasmo.

Durante los siguientes dos minutos, Hap no estaba escuchando a la clase del profesor. Estaba escuchando con atención los movimientos de Harry. Entonces oyó el roce de la chaqueta de Harry.

Él sabía que Harry estaba a punto para chasquear sus dedos detrás de su oreja izquierda. Con la velocidad de la luz, Hap levantó su libro de texto con su mano izquierda y lo colocó detrás de la oreja izquierda. El libro alcanzó el oído de Hap justo cuando Harry le iba a pegar con su dedo índice. Harry le dio al libro de texto un golpe duro.

"¡Ay!" Harry gritó mientras quitaba su dedo.

Toda la clase miró a Harry. En ese momento, el libro de Hap estaba de nuevo en su escritorio porque él lo devolvió con la misma velocidad de la luz con que lo había levantado hasta cubrirse su oreja.

"¿Hay algún problema Sr. Winkwater?" El maestro le preguntó con severidad.

"No hay problema señor." Harry respondió mientras se frotaba el dedo lesionado.

Al día siguiente, Harry llegó a la escuela con una férula en el dedo. Harry nunca más molestó Hap de nuevo. Hap realmente ya no prestaba atención a Harry. A medida que pasaban los meses, Hap continuó con su vida y le fue bien en la escuela. Una noche, un amigo suyo sugirió que fueran al boliche. Hap no había ido al boliche hacía bastante tiempo, por lo que estuvo de acuerdo.

Mientras Hap estaba eligiendo una bola de boliche, notó una conmoción en una de las mesas. Oyó un niño gritando "!Harry, haz el favor de parar!" Miró y vio a Harry agitando su dedo índice en la punta de la oreja a otro niño. No se le ocurrió a Hap que cuando Harry dejó de molestarlo a él iba a encontrar a alguien más para molestar. A continuación, una chica se puso entre Harry y el chico. Harry pareció molesto porque el cuerpo de ella le impedía golpear a su gusto la oreja del chico.

La chica gritó con todos sus pulmones. "! Harry Winkwater le gusta bezar a las vacas y es estúpido!"

Todo el mundo en el boliche se dio la vuelta y se quedó mirando a Harry, la niña y a la víctima. Harry levantó la mano para darle a la niña una bofetada. Hap se acercó, tomó la mano de Harry y se la inclinó hacia atrás hasta que Harry tuvo que ponerse de rodillas y seguirlo para evitar el dolor de que se la doblaba hacia atrás.

"Ahora, Harry, estoy seguro de que eres un mejor hombre que eso. ¿ Tu nunca golpearías en verdad a una mujer o lo harías? ", Dijo Hap.

"Por supuesto que no, sólo estaba jugando." Respondió Harry. "De hecho, si me deja ir, voy a pedir disculpas a la chica." Continuó.

Hap soltó a Harry y dio un paso atrás. Harry saltó sobre sus pies.

"Está bien, porquería de hormiga." Harry estaba cantado. "Tú no estás en la escuela con los administradores y maestros para que te protejan!" Continuó

Harry se hizo hacia delante, lanzando golpes. Hap, siguiendo el consejo de la tía Frannie, simplemente se quitó del camino.

"¿ Oh, huyendo punk, eh?" Harry estaba cantado. "! Yo sabía que no eras nada. Ahora voy a patear tu pequeño culo de gato miedoso! "Dijo, moviéndose hacia adelante.

Como Harry avanzó, lanzó una ráfaga de golpes, pero ninguno de ellos hizo contacto, ya que Hap los evadía. Después de varios ataques la frustración de Harry llega a un tope.

"!Vamos Maldita sea! Deja de correr, te voy a patear el culo, si es posible. "Harry estaba cantado.

"No tengo que.", Respondió Hap. "Estás haciendo un trabajo bastante bueno te pateas tu propio culo."

Después de varias ráfagas sin conexión Harry estaba cansado.

"¡Renuncio!" Declaró Harry. "No puedo luchar contra alguien que no va a luchar." Concluyó.

"¿Pero seguro que si puedes molestar a ellos oh no?", Dijo Hap.

"¿Qué has dicho?" Harry preguntó

"Dije, seguro que sabes cómo elegir a la gente que no va a defenderse" Pero eso no va a ocurrir nunca más Harry "

"No, ¿por qué no?", Respondió Harry.

Porque yo estoy aquí y si me entero de que estas molestando a alguien, vas a tener que enfrentarte a mí. "Respondió Hap.

"Y ... ¿Qué vas a hacer?", Preguntó Harry con un tinte de miedo en su voz.

"Voy a tener que hacer que patees tu propio culo de nuevo." Concluyó Harry.

Y así terminó la carrera de la intimidación de Harry Winkwater.

Con los años, Harry comenzó a reemplazar a la intimidación con el estudio. Él resultó ser muy inteligente. Con el tiempo se convirtió en un psicólogo y trabajó para una organización que ayudó a las víctimas y los autores de la intimidación. Supongo que se necesita un intimidador para conocer a otro intimidador y Harry hizo un muy buen trabajo como sanador para todos los involucrados en el ciclo de la intimidación.

Hap, tuvo una buena vida. Se graduó de la universidad, tiene un buen trabajo y se casó con su novia de la preparatoria, que resultó ser la chica de Harry estaba a punto de dar una bofetada en el boliche. Harry y Hap en realidad se convirtieron en buenos amigos. Hap era verdaderamente un hombre feliz. Y a veces, cuando nadie estaba mirando, él perseguía mariposas y las mantenía en su dedo índice. Cuando subieron hasta la cima, que lo hacía era él movimiento con sus pestañas y darles un beso de mariposa.

No tengo tiempo

Según fue grabada la banda de The Loveforce Collective Feat: Teacherz

Escuchen a canción por gratis en : bandcamp.com abajo el groupo

"The Loveforce Collective"

Letra de Mark Wilkins

Verso 1

Demasiados estudiantes

Muy pocas pausas

El trabajo simplemente se acumula

Lentamente y tiene

Un peaje

En mi alma

Demasiada presión

Demasiado estrés

El reloj no se detiene

En los mejores

Años

De nuestra vida

Coro

No tengo tiempo

Para sus interrupciones
No tengo tiempo
Para sus obstrucciones
Instrucciones vagas
Para sus reducciones de personal
Que no tengo tiempo

Verso 2
Pocos indios
Demasiados jefes
Demasiada manipulación parte de
Por los ladrones
Que roban
A la opinión pública hasta
Demasiadas panaceas
Pero no hay cura real
Nosotros atrapados en el medio
Tener que soportar
Esta basura
Es hora de luchar

Coro B
No tengo tiempo
Para sus conclusiones precipitadas
Que no tengo tiempo
Para una confusión orquestada

Soluciones cocinadas a la mitad
Por sus grandes delirios
No tengo tiempo

Él Guerrillero

Su primer encuentro con Elmo Santana sobre la tercera semana de clases. Fue registrado en la clase del Sr. Blevin pero no se había presentado antes de esa fecha. Cuando el Sr. Blevins preguntó por qué no había ido a la escuela las anteriores tres semanas Elmo respondió: "!Porque yo soy el guerrillero!"

Después de unas semanas, el Sr. Blevins tenía una mejor imagen de Elmo. Era inteligente, pero sospechoso. Siempre estaba maquinando para conseguir algo. A veces había un pequeño espacio que producía una mejor calificación, otras veces, él mentía para tratar de obtener una chica y aún otras veces, extorsionaba a otros estudiantes para obtener dinero.

Un día, Elmo amenazó abiertamente a otro estudiante en frente de Blevins. Blevins envió a Elmo abajo a la oficina del decano con una nota titulada "amenaza física". El decano envió de nuevo Elmo una media hora más tarde con una nota que decía"Aconsejado".Blevins estaba enojado pero él no mostró su ira frente a los estudiantes. Aceptó a Elmo de nuevo en su clase, trató de participar en la lección del día y esperó hasta después de la escuela. Al entrar en la clase, Blevins podría haber jurado que oyó mascullar Elmo "Nunca agarrara al guerrillero." En voz baja.

Blevins fue a la oficina del decano después de la escuela. Él quería saber por qué el decano no hizo nada más que aconsejar a Elmo. El decano le dijo que a menos que hubiera una amenaza creíble, la política del distrito impedía ir más allá de la orientación.

Al día siguiente, al chico que amenazaba Elmo tenía un ojo negro. Blevins inmediatamente lo acompañó a la oficina del decano. El decano envió al muchacho en unos veinte minutos más tarde. Él envió a Blevins una nota explicando que Juan le dijo que tenía el ojo negro por un partido de fútbol después de la escuela. Cuando sonó la campana al final del período, Elmo se quedó. Se acercó a Blevins.

"¿Por qué has enviado a Juan a la oficina del decano hoy?", Se preguntó.

"Sabes por qué Elmo, debido a que amenazaste a Juan ayer y hoy entró con un ojo negro." Dijo Blevins con firmeza.

"¡Hey!", Declaró audazmente Elmo. "Deje de meterse en mis negocios porque nunca obtendrás al guerrillero. El guerrillero es demasiado inteligente para usted! "

Pasaron varias semanas. Elmo siempre se metía en problemas. Blevins continuó a enviándolo al decano. El decano lo enviaba de regreso. Blevins continuó teniendo conversaciones con el decano más acerca de por qué no se está haciendo algo sobre Elmo.

Entonces, un día, Elmo no vino a clase. Blevins pensó que era extraño, pero sintió alivio de no tener que lidiar con el drama del Guerrillero.

Luego, dos días más pasaron y aún Elmo no venía a clase. Al cuarto día Blevins empezó a preguntarse por qué. Se dirigió a la oficina del decano y le dijo al decano, pienso que Elmo ha abandonado mi clase. El decano le dijo a Blevins que Elmo se metió en una pelea y fue expulsado de la escuela.

A medida que el semestre pasó, Blevins disfrutó de la enseñanza en su clase. Nadie parecía hablar más de Elmo. Entonces, un día, el Sr. Blevins escuchó a un estudiante mencionar a Elmo. El joven estaba diciendo a otro estudiante que el hermano de Elmo murió en un tiroteo.

Unas semanas más tarde Blevins fue a un restaurante cerca de la escuela en su hora de almuerzo. Entró en el restaurante y allí, sentado en una mesa estaba Elmo. Blevins decidió hablar con él.

"Hola, Elmo, he oído que no estás en nuestra escuela. ¿Qué te parece tu nueva escuela? ", Preguntó el Sr. Blevins, nervioso.

"Tengo 18 años, así que la dejé." Respondió Elmo.

"Elmo, sé que no hemos sido los mejores amigos ...", declaró el Sr. Blevins.

"Pero yo siento lo de tu hermano." Continuó.

"Está bien señor, lo que se hace, regresa. "Respondió Elmo.

Unas pocas semanas más pasaron. El semestre llegaba a su fin. Blevins se preparaba para los exámenes finales en un par de semanas. Estaba empezando a repasar con los estudiantes. Entonces, un día vio Elmo en el mismo restaurante. Elmo estaba sentado pensativo, bebiendo un refresco. Blevins se dio cuenta de que tenía el tatuaje de una lágrima al lado de uno de sus ojos. Blevins sabía que el tatuaje le era dado solamente cuando un mafioso asesinaba a alguien.

"Hola Elmo." Dijo Blevins. "¿Cómo están las cosas?"

"No muy bien señor." Respondió Elmo.

"Oh," dijo Blevins. "¿Por qué?"

"Le disparé al tipo que mato a mi hermano pero falle" Dijo. "Al que le di fue a su hermano. El disparo hacia mí pero falló. Usted sabe que nadie agarra al guerrillero Señor." La próxima vez si lo agarro." Concluyó.

Blevins no sabía qué decir en respuesta. ¿Cómo puede alguien responder a esto? Blevins simplemente se alejó. Esa fue la última vez que vio a Elmo. Un par de días después escuchó a dos estudiantes hablar de él. Un niño dijo que escuchó disparos frente a su edificio de apartamentos y vio un accidente de coche en un coche estacionado. Otro niño dijo que bajó al coche y reconoció a su amigo, el guerrillero, desplomado sobre el volante gimiendo. Dijo que la policía se presentó, pero se negó a permitir una ambulancia más allá de la línea de policía hasta Elmo expiró.

Blevins pensó en una frase que una vez que se oye "El que vive por la espada morirá por la espada." Él sabía que el guerrillero no era la persona más agradable. Él sabía que había matado a alguien. Pero,

¿El merecía morir a los 18 años? Él sabía que él no nació como él guerrillero. Nació como Elmo Santana. El guerrillero fue creado, creado en las calles del sudeste de Los Ángeles.

Él sabía que en algún lugar dentro de él, el guerrillero había un chico llamado Elmo que nunca llegó a darse cuenta de su potencial. Por último, el Sr. Blevins se preguntó por qué vivía en un mundo donde los niños se mataban unos a otros para tener fama y se ponían un nombre para sí mismos a través de la violencia en lugar de tratar de hacer un nombre para sí mismos como artistas, escritores o académicos. A continuación, el Sr. Blevins tuvo que cambiar sus pensamientos y poner al guerrillero en el olvido porque tenía una serie de exámenes finales para dar.

El chico bueno

Ralph Castañeda él más avanzado de su clase. Tenía una A y pasó sus exámenes estatales con gran éxito. El día en que los resultados del examen de Estado vinieron su nombre fue anunciado por el altavoz de la escuela diciendo que tenía una puntuación perfecta en todas las materias. Normalmente era tímido y retraído, Ralph estaba un poco avergonzado al escuchar su nombre.

La campana sonó y Ralph dejó su 3er periodo de clases y comenzó a caminar a su cuarto periodo. Mientras caminaba, Harold Brewster, un compañero de clase de su empezó a gritarle.

"Ralph, te crees que estas muy bueno ¿verdad?" Él gritó. Ralph no le hizo caso.

Unos segundos más tarde, Harold repiten, "Ralph, te crees que estas muy bueno ¿verdad?"

"No creo que estoy bueno, sé que estoy bueno." Respondió Ralph.

Harold, que quería impresionar a algunos amigos que él estaba caminando con, replicó: "Estoy mejor!"

Tan pronto como las palabras salieron de los labios de Harold, Ralph emitió una respuesta extremadamente rápido. "¿Por qué? ¿Estaba enfermo?"

El Castigo Corporal

Ocho años de edad tenía Julián sabía que el director iba a venir por él. Participó en una guerra de globos con agua con su mejor amigo Tim. Después de ser golpeado varias veces, Julián estaba decidido a vengarse.

Julián llenó cuatro globos de agua y persiguió a Tim. Tim era mucho más rápido que Julián. Fácilmente se escapó de él. Julián le lanzó el primer globo de agua, que pasó de 10 pies sobre la cabeza de Tim y explotó en el suelo cerca de 20 pies delante de Tim. Lanzó un segundo justo después de eso, estaba más lejos de Tim que el primero que había lanzado.

Julián decidió aferrarse a sus últimos dos globos de agua y perseguir a Tim después hasta que Tim se cansó y empezó a correr más despacio. Julián sabía que podía durar más que Tim, porque lo que le faltaba de velocidad, lo compensaba en vigor. Después de cuatro minutos, Tim se cansó y empezó a disminuir la velocidad. Julián le ganó con 15 pies a Tim. Él arrojó uno más de los globos con agua. Tim le golpeó en el brazo, pero rebotó, no se rompió hasta que cayó al suelo de unos seis pies de lado izquierdo de Tim.

Tim corrió hacia el edificio principal. Corrió por el pasillo. Julián estaba cerca detrás de él. Julián ignoro a las otras personas en el pasillo. Su atención estaba en Tim solamente. Estaba a cinco pies de distancia. Tim doblo en la esquina. Julián siguió de cerca detrás de él como atraído por una fuerza magnética. Al doblar la esquina que estaba a dos pies de Tim. Él aceleró en un intento de romper el globo de agua sobre la cabeza de Tim.

Tim se desvió hacia un lado. En lugar de aplastar el globo de agua sobre la cabeza de Tim, Julián terminó rompiéndola en gran parte posterior de la Señora Pesopluma. El irónicamente llamada a la Sra. Pesopluma, era la conserje de 400 libras de peso de la escuela.

Sorprendidos, tanto los niños corrieron tan rápido como sus pequeñas piernas podían hacerlo. Tim no estaba seguro de si la señora Pesopluma lo vio. Julián, sin embargo, era bastante seguro de la señora Pesopluma supo que era él quien la golpeó con el globo con agua. No estaba seguro de si ella lo vio pero vivía en la misma calle que él toda su vida, y él pensó que ella podría reconocer el sonido de sus pies cuando corría.

La campana que indica el final del almuerzo sonó. Julián regresó a su clase. Él pensaba que el principal vendría enseguida. Después de 45 minutos el director todavía no había venido a por él. Julián pensó que tal vez la señora de Pesopluma no reconoció el sonido de sus pasos después de todo. Después de una hora, Julián empezó a pensar que en realidad se había salido con la suya en el bombardeo accidental de agua. Entonces la voz de la directora llegó por el altavoz clase.

"Por favor enviar Julián Sandz a mi oficina.", Dijo la directora.

El maestro de Julián lo excuso de la clase. Empezó a caminar lentamente por el pasillo hacia la oficina de la directora. Caminó lentamente de manera deliberada y con temor de lo que el horror le esperaba detrás de la puerta de la oficina de la directora. Julián sabía que iba a estar en dolor en pocos minutos. Él vivía en un lugar donde el castigo corporal era totalmente legal. Los padres solían azotar con frecuencia a sus hijos cuando eran malos. Los administradores escolares también tenían el poder para golpear a los niños malos. No se les permitía quitarse la ropa o tocar sus cuerpos directamente, sino que podrían golpear violentamente o apalear a través de la ropa.

La señora McGinty, la directora de la escuela de Julián era una golpeadora de nalgas. Ella tenía una paleta gigante, cuadrada, de madera con agujeros en ella. Ella hacía que el estudiante se agachara y se tocara los dedos del pie. Luego tomaba la gran paleta en la mano y con un toque dramático, levantaba la pala por encima de su cabeza y la dejaba caer en ángulo recto en la parte inferior del estudiante. La paleta con agujeros hacia un sonido de silbido cuando estaba cayendo. Este aumentaba la tensión para el estudiante porque podían oír el instrumento que le iba a doler antes de que realmente sintiera el dolor del golpe.

Julián se dirigió con paso de caracol, tratando de pensar en una manera de salir de la zurra que venía. Podía parar en la fuente de agua potable, echar un poco de agua en el suelo y resbalar, fingiendo que estaba gravemente herido y saliera en una ambulancia. Él podía huir y unirse al circo. Él podía negar todo y pedirle que llame a su abogado. En realidad, Julián sabía que todas esas ideas eran poco convincentes. No creía que una lesión podría ablandar el corazón de la señora McGinty. Él sabía que el circo no lo aceptaría y no tenía abogado. De repente, se le ocurrió una idea.

Julián se detuvo en el baño de hombres. Entró en uno de los compartimentos del baño. Quitó dos rollos de papel higiénico, bajó la cremallera de los pantalones y se puso papel de baño debajo de los pantalones detrás de cada nalga. Entonces Julián se acercó a la oficina de la directora con poca energía en su paso. Entró en la oficina con confianza. La directora Mc Ginty miraba a Julián severamente. Luego habló.

"Entiendo que usted lanzó una bomba de agua a nuestra señora Pesopluma." Ella dijo con severidad.

"Fue un accidente señorita." Respondió Julián.

"¿Así que no puede negar que lo hizo?", Dijo la señora McGinty.

"No señorita, no estoy negando que lo hice, yo sólo estoy negando que fue intencional." Respondió Julián.

"¿Te estás burlando?", Dijo la directora McGinty.

"No señorita, burlarse sería. Él cambia la voz a un tono alto y agudo)" Estoy con la directora Mc Ginty, me gusta los azotes! "

Los ojos de la directora McGinty se llenaron de ira. Julián casi creyó ver el vapor iba a salir de sus oídos como en un viejo dibujo animado. Ella cogió su paleta.

"!Inclínate hacia delante y toca los dedos del pie!" Principal McGinty gritó en un tono enfadado. "!Dos golpes con fuerza para ti, por el bombardeo de agua pobre señora de Pesopluma y un segundo por burlarse de mí!", Dijo.

Julián cumplió. Podía oír el silbido de la barra conforme navegaba a través del aire. Sintió una leve contusión que se sintió en su parte inferior acolchonada. Julián no sintió el dolor, por lo que no hizo ruido. Sorprendida, que Julián no había hecho ningún sonido, al Directora McGinty pensó que no era lo suficientemente duro él golpe. Ella levantó la pala casi hasta el techo. El silbido del viento a través de la paleta hizo el sonido sibilante con más fuerza que antes. Esta vez cuando llegó a Julián dijo algo.

"Eso se sintió bien, ¿puede hacerlo de nuevo?"Él dijo con entusiasmo.

La directora Mc Ginty se puso aún más enojada. Ella comenzó a golpear su parte inferior como una mujer poseída y comenzó a golpear con fuerza una y otra vez. Cada vez que sintió un golpe violento en la parte inferior, Julián hacía un comentario sarcástico como: oh que alegría! o me está gustando esto tanto que yo soy feliz señorita Spanker "Después de una docena de golpes principal Mc Ginty comenzó a ver trozos de papel higiénico que volaban de los pantalones de Julián. Al ver el papel higiénico de alguna manera atrajo la atención de la directora Mc Ginty. Se dio cuenta de que Julián había metido papel higiénico en sus pantalones. Se dio cuenta de que se había dejado llevar por su ira. También sabía que no podía legalmente remover el papel higiénico de sus pantalones.

La actitud de la directora McGinny cambió totalmente. Ella le dijo a Julián que se sentara. Ella sabía lo que había hecho. Ella sabía, que él sabía, que ella sabía. También sabía, que él sabía, no podía hacer nada al respecto. Ella decidió adoptar un enfoque diferente.

"Por lo tanto, Julián, veo que has rellenado papel higiénico en los pantalones. ¿Crees que eres inteligente no es así? ", Dijo la directora McGinty.

"No creo, lo sé!" Respondió Julián desafiante.

"Y que habría hecho si hubiera continuado golpeando con fuerza hasta que el papel higiénico se hubiera despedazado y yo hubiera llegado a su parte inferior?", Preguntó ella

"Me gustaría presentar cargos de abuso infantil en su contra." Contestó Julián.

"Está bien, Julián, vamos a llegar a un entendimiento.", Dijo la directora McGinty. "Voy a estar de acuerdo en que nunca lo golpeare de nuevo, siempre y cuando usted se compromete a no decirle a nadie sobre el relleno de papel higiénico en los pantalones."

"Bien, estoy de acuerdo con eso.", Dijo Julián.

Durante los próximos dos años, Julián fue llamado a la oficina de la directora un par de veces, pero nunca se le dio ningún golpe. Fiel a su palabra, Julián nunca le dijo a nadie sobre el relleno de papel higiénico en sus pantalones antes de que el fuera golpeado con fuerza.

La sustituto Francés

El señor Donner iba a estar fuera enfermo ese día. Le dijo a Alma, su ayudante, que iba a requerir de un profesor sustituto para ese día. La señora Du Daux (Pronuncia doo dha) se presentó puntualmente a las 8:00 AM. Era una mujer delgada, de piel clara de aproximadamente 90 años. Llevaba una falda de color azul real de fieltro y un abrigo azul real y el sombrero del mismo color. Su escaso pelo castaño rizado, sobresalía por debajo de su sombrero.

La señora Du Daux pidió inmediatamente a Alma los planes de la lección del día. Sus penetrantes ojos azules los examinaron.

"¿Cuál es tu nombre querida?", Preguntó ella a Alma en un fuerte acento francés.

"Alma Señora." Respondió Alma.

"Recuerda querida, su trabajo es que me apoye. Lo que sea que te pido y nos llevaremos bien. "Dijo la señora Du Daux con severidad.

Entonces ella miró por encima de la clase. Había alrededor de 40 adolescentes. Algunos estudiantes estaban estudiando. La mayoría de los estudiantes, sin embargo, estaban escuchando música en los iPads o los mensajes de texto en sus teléfonos celulares. Algunos estaban jugando juegos de video. La señora Du Daux aplaudió cuatro veces rápidamente. La mayoría de los estudiantes dejaron lo que estaban haciendo y la miraron. A continuación, se presenta a la clase.

"Buenos días, niños!" Dijo alegremente.

Tan pronto como la palabra niños escapó de sus labios, había murmuraciones entre los estudiantes. Algunos de ellos comenzaron a hacer comentarios. Era obvio que la señora Du Daux había hecho una mala primera impresión.

"¿Niños?", Dijo un estudiante. ¿ "No se sabe que es una escuela preparatoria ?" Ella continuó.
"Mi nombre es Sra. Du Daux." Ella continuó.

"Doo Dah!", Dijo un estudiante.

¿"Hey, abuela, es usted famosa?" Dijo otro estudiante.

¿"No, nombraron un desfile con su nombre?" Dijo él tercer estudiante.

-¡No niña! -exclamó la señora Du Daux. "Mi nombre se deletrea Du, Daux y doo pronunciado doo dah!"

"Doo Dah." Respondió un estudiante. "Como esa vieja canción: De Él Campamento de las Razas de un pueblo cantaban la canción doo dah, doo dah!"

-Ninguna niña -respondió la señora Du Daux-. "No es como esa canción."

"¿Escribieron esa canción sobre usted?", Preguntó otro estudiante.

"Esa canción tiene más de 100 años." Respondió Mrs. Du Daux.

"Y tu punto es ...?" Respondió un estudiante

"¡Sólo tengo 83 años!", Contestó la señora Du Daux.

"Solo !!!" contestó un estudiante mientras la mayoría de los otros estudiantes se reían.

La mirada de la señora Du Daux cambió de una conversación de conversación ligera a la cólera severa, tranquila.

"La asignación está escrita en la pizarra. Por favor, sigan las instrucciones y entregue sus papeles al final del período. "La Sra. Du Daux le dijo a la clase.

Luego la señora Du Daux se acercó tranquilamente al escritorio del profesor. Abrió su bolso, sacó un periódico, lo abrió y comenzó a leer los anuncios clasificados. El período pasó lentamente pero el Sr. Donner dejó una lección fácil así que la mayoría de los estudiantes podían terminar sin ninguna ayuda. El siguiente período, la Sra. Du Daux acaba de decir "soy tu profesor por hoy" en vez de dar su nombre. Ese período ella también dirigió a los estudiantes a seguir las direcciones en el tablero ya leer su periódico.

Cuando llegó la hora del almuerzo, la señora Du Daux caminó rápidamente a la cafetería. Ella le dijo a la señora que servía "sólo tengo un dólar para gastar, me da un tazón de sopa!"

-Lo siento señora -dijo la señora-. "La sopa es $ 1.50 por taza. $ 2.25 si quieres un tazón. "

Cuando llegó la hora del almuerzo, la señora Du Daux caminó rápidamente a la cafetería. Ella le dijo a la que servía "sólo tengo un dólar para gastar, me dan un tazón de sopa!"

-Lo siento señora -dijo la Sra. de la cafetería-. "La sopa es $ 1.50 por taza. $ 2.25 si quieres un tazón. "

"Sólo puedo gastar $ 1.00. ¿Puedes darme un plato y darme crédito por el resto? ", Preguntó.

La señora señaló un letrero que decía: "El crédito sólo se extenderá a los adultos de por lo menos 85 años de edad cuando estén acompañados por ambos padres".

-Muy bien -dijo la señora Du Daux-, dame un tazón -continuó mientras entregaba a la señora un billete de cinco dólares-.

Alma escuchó a la señora Du Daux diciéndole a otra maestra que tuvo que salir de la jubilación a su edad porque su hijo de 47 años se mudó de nuevo con ella y no podía mantener a los dos con su pensión. Ella dijo que odiaba trabajar como un sustituto, pero eso era todo lo que podía encontrar, aunque buscó en los anuncios todos los días por una posición de enseñanza permanente.

La Sra. Du Daux siguió presentando la lección y luego leyó su periódico durante el resto del día. El último período del día, un estudiante, Reyna, le pregunto.

! Sra. Du Daux puede ayudarme con la lección!. La señora Du Daux simplemente la ignoró y siguió leyendo su periódico. Alma se sentó con Reyna y la ayudo.   Alrededor de 45 minutos más tarde completaron el trabajo. Reyna comenzó a reorganizar las mesas de trabajo de los estudiantes. Cada mesa de trabajo rectangular tenía unos cinco pies de largo y dos y medio pies de ancho. Los arregló como una acera elevada de la pared cerca de la puerta del escritorio del profesor.

"Te voy a enseñar a no ignorarme a mí, cabeza de doo dah!" Dijo Reyna.

Luego se alzó la mesa de trabajo sobre escritorio de la señora Du Daux. Empezó a caminar hacia la señora Du Daux. Cuando empezó a caminar gritó.

"Me ignoraste, así que ahora voy a pisar tu cabeza!"

La señora Du Daux bajó el periódico. Al ver que la joven caminaba rápidamente hacia ella, la señora Du Daux entró en pánico. Se volvió hacia Alma.

"¡Ayuda Alma, ayúdame!" Ella gritó con una voz aguda.

Reyna siguió caminando. Justo cuando estaba a punto de llegar a la mesa, Alma habló.

"¡Baja de la mesa de trabajo Reyna!" Ella dijo severamente.

-Sí, señorita. Reyna respondió. Luego se bajó de la mesa.

Poco después, sonó la campana de salida. Muy pronto la señora Du Daux salió corriendo del aula antes de que los niños pudieran salir de sus sillas. Alma cerró el aula. Se aseguró de que las puertas estuvieran cerradas con llave. Luego caminó hacia la oficina principal para salir.

En su trayecto para firmar su salida ella vio a señora Du Daux que ya iba lejos en un Chevy Malibu 1993. El viejo coche que hecho humo negro mientras chisporroteaba por la calle. Sus ventanas estaban abiertas y su radio estaba sonando. "Y ahora una gran vieja canción de Steven Foster ..." Dijo el locutor. Cuando una banda comenzó a tocar una vieja melodía familiar, un cantante comenzó a cantar "Camp Town cantaron esta canción Doo Dah, Doo Dah ...!"

Alma se preguntó cuán desesperada tendría que estar alguien para salir de la jubilación a los 83 años de edad para trabajar en un trabajo que realmente no le gustaba. Ella sentía lástima por la señora Du Daux, pero sentía más pena por los estudiantes que le habían asignado para enseñar ese día. Quería decirle a la Directora lo mal que estaba la sustituto francés, pero pensó que no era su lugar. Además, no estaba segura de sí la Sra. Du Daux siempre había enseñado de esa manera, o si se había cerrado como resultado de estar nerviosa por los comentarios groseros de los alumnos y las humillaciones. Después de todo, ella comenzó el día con mucha energía y entusiasmo pero parecía drenarse de ella después de unos minutos por abuso de parte de los estudiantes.

La señora Du Daux parecía ser de otra época. Una era donde los profesores andaban bien vestidos y los estudiantes automáticamente les mostraban respeto porque eran maestros. Ella pensó en cómo uno necesita tener valentía para ser profesor hoy en día. Se preguntó cómo cambiaron las cosas y cuándo cambiaron. Se preguntó qué clase de maestra sería. También se preguntó si tal vez debería de pensar en tomar la decisión de convertirse en maestra en primer lugar.

Escuela de Addiccion
Letra de Mark Wilkins

Según fue grabada la banda de The Loveforce Collective Feat: Teacherz

Escuchen a canción por gratis en : bandcamp.com
abajo el groupo
"The Loveforce Collective"
VERSO 1
No es drogadicto
Solo lo fuma
Es por eso que
Johnny no puede enfocarse
Johnny no puede leer
Johnny no puede escribir
Pero puede soportar
Un infierno de una pelea
Solía estar enganchado a la fonética
Solía estar enganchado a la fonética
Ahora está agudamente enganchado a la crónica

CORO 1
Escuela preparatoria

Él va a la escuela preparatoria
Solía ser genial
Ahora es un tonto
A medida que suben sus sueños
En una nube de humo
Solía estar enganchado a la fonética
Ahora está agudamente enganchado a la crónica
CORO 1
Escuela preparatoria
Él va a la escuela preparatoria
Solía ser genial
Ahora es un tonto
A medida que suben sus sueños
En una nube de humo

Verso 2
Ella era la reina
En un escenario de porristas
Con la pasión y empuje
Para triunfar
Comenzó a usar anfetaminas
Para salir adelante
Entonces ella comenzó
Perder su ventaja
En un mundo de mendigos, ella era una seleccionadora

Ahora ella es sólo una perdedora drogadicta

CORO 2
Ella va a la escuela preparatoria
Preparatoria
Ella solía ser popular
Ahora ella esta delgada
Como va su futuro
Por la nariz
Verso 3
Están vendiendo drogas en nuestras escuelas
Parece una epidemia nacional
¿Por qué no lo hacen? no está exactamente claro
Pensaremos en ello no emborrachamos
Otra cerveza
Y otra cerveza
Y otra cerveza
Y todavía otra cerveza
Ellos van a la escuela preparatoria
Escuela preparatoria
Escuela preparatoria
Escuela preparatoria

El Gran Hallazgo de las Drogas

El Sr. Bravo y el Sr. Harris eran Decanos en una escuela preparatoria en un vecindario peligroso, en el centro de la ciudad. La escuela tenía su propio oficial de libertad condicional y dos oficiales de policía residentes. Una vez a la semana, el departamento de policía local enviaba a un oficial de policía con un perro entrenado en buscar drogas como parte del Programa de Abuso de Drogas del distrito escolar.

De acuerdo con la política del distrito, los decanos seleccionaban al azar un aula para que el perro fuera conducido y buscara drogas. El Sr. Bravo y Harris entraron en el aula con el oficial de policía local y el perro entrenado. Entonces el Sr. Harris habló.

"Buen día. Por favor, ponga ambas manos sobre el escritorio. "Dijo mientras esperaba hasta que todos los estudiantes cumplieran.

"Hoy, como parte del Programa de Abuso de Drogas del distrito, este salón de clase fue seleccionado al azar para ser visitado por un perro de policía especialmente entrenado. En este momento, quiero que todos dejen sus mochilas y todas sus pertenencias donde están y caminen afuera con el decano Bravo. "Él continuó.

Los estudiantes cooperaron. Cuando el decano Bravo los condujo afuera, vieron a los dos oficiales de policía de la escuela, un hombre y una mujer, a la espera de ellos. Los estudiantes estuvieron alineados y El decano Bravo y uno de los oficiales registraron sus bolsillos mientras el otro oficial los observaba para asegurarse de que nadie intentaba desechar nada ni pasar nada a otro estudiante.

Mientras tanto, dentro del aula, el oficial dejó que el perro agarrado con una correa olfateara en busca de droga. El perro corrió por la habitación olfateando varias mochilas. Entonces el perro, un German Sheperd europeo negro, metió su nariz en una mochila en particular. Olió furiosamente y comenzó a menear su cola y ladrar en voz alta.

El agente de policía local llevó la mochila a uno de los escritorios que usan los estudiantes y que estaba vacío. El abrió el compartimento principal y con cuidado vació su contenido sobre la mesa. Examinó cuidadosamente el contenido. Dos libros azules de composición de 9 "por 7", un sacapuntas de una pulgada, un cómic de los hombres X, un cordón de zapatos, un sándwich de mantequilla de cacahuate y gelatina de marca Crustable. El oficial revisó los otros bolsillos de la mochila. Un bolsillo estaba completamente vacío. El otro tenía 2 lápices, 3 bolígrafos, un borrador rosa brillante de 2 "y un cepillo de dientes usado.

El oficial busco el interior del compartimento principal de la mochila. Podía detectar instantáneamente el olor acre de un tipo de marihuana conocido como "Kush". No había nada dentro de la mochila, ni botones de flores, ni tallos, ni semillas que se pudieran asociar con ese olor. Los estudiantes que fueron conducidos a fuera y registrados regresaron. El estudiante que poseía la mochila no tenía nada ilegal o incluso nada inusual en sus bolsillos.

Harris dirigió al oficial con el perro fuera del aula. Al salir del aula, los perros empezaron a sentir ansiedad. Dejaron que el perro líder los llevara a donde quería ir. Caminó por el pasillo. Aproximadamente 30 pies del salón de clase, el perro comenzó a oler salvajemente en un grupo particular de casilleros.

El decano Harris sacó sus llaves del casillero. Abrió el primer casillero del grupo. Estaba vacío. Abrió el segundo casillero del grupo. Tenía dos libros de texto y un cuaderno en él. Abrió el tercer casillero del grupo. Estaba lleno de libros de texto. En la parte superior de los libros de texto había una pequeña extensión y una bolsa de platico con cierre del tamaño de un cuarto llena de Kush.

El decano Harris regresó a la oficina para revisar los registros de la escuela para averiguar a qué estudiante fue asignado a ese casillero.

El decano Bravo escoltó al chico que poseía la mochila de olor de Kush a la Oficina del Decano para ser interrogado. Después de algunas preguntas, el decano Bravo descubrió que el nombre del chico era Juan. También descubrió que Juan guardó en su mochila en el mismo casillero donde se encontraron la balanza y la bolsa de plástico de Kush.

Mientras tanto, el decano Harris encontró al chico que era dueño del casillero (Ralph) y lo acompañó a la Oficina del Decano. Cuando se le preguntó, Ralph dijo que compartía el casillero con otros seis estudiantes. Le dio al el decano Harris el nombre de los estudiantes que compartían el casillero. Ya que los Decanos ya hablaron con Juan y Ralph, los otros cuatro chicos que compartieron el casillero fueron escoltados a la oficina del Decano para ser interrogados.

Los dos primeros muchachos de los cuatro restantes le dijeron al decano Harris que eran estudiantes y no tenían nada que ver con la bolsa de Kush. Sus historias coincidieron, no tenían problemas de disciplina y tenían buenas calificaciones. Se negaron a dar al decano Harris cualquier información sobre los otros estudiantes que compartían el armario.

El decano Bravo entrevistó al primero de los dos niños restantes. Su nombre era Cisco. Cisco tenía malas notas y problemas de disciplina. Era bien conocido por los dos decanos. El decano Bravo le preguntó a Cisco por su teléfono celular. El decano Bravo lo miró. Se encontró con un video. El video era de una habitación con una mesa en el medio de la misma. Cuando la cámara se dirigió hacia la mesa, se pudo ver una pila de dinero y bolsas de marihuana. La voz de Cisco podía oírse diciendo: "Esto es lo que tenemos que hacer para sobrevivir". El decano Bravo puso a Cisco en la oficina del decano Harris. Fue a buscar al último chico que compartía el casillero. Su nombre era Joe. Joe no tenía ningún problema de disciplina aparte de ser detenido mientras estaba en compañía de un par de matones de la escuela. Sus calificaciones no eran espectaculares, pero no estaban mal. Tenía un promedio de C. El decano Bravo le preguntó, pero se negó a decir nada. Después de llegar a ninguna parte cuestionando a Joe durante unos veinte minutos, el decano Bravo llamó al oficial de policía de la escuela Young. El oficial Young también le preguntó a Joe, pero Joe aún se negaba a hablar.

Mientras tanto, Cisco estaba contando una historia muy interesante en la oficina del decano Harris. Le dijo al decano Harris que el decano Bravo ya había decidido que él era el que sería acusado por la marihuana debido al video incriminatorio en su teléfono celular. Cisco le dijo al decano Harris que estaba siendo acusado injustamente y que Joe, que estaba en la oficina del decano Bravo, era el dueño del Kush. De hecho, dijo, que el video fue tomado en la casa de Joe porque Joe tiene un montón de plantas de marihuana en su patio trasero.

El decano Harris tomó el teléfono y llamó a la oficina del decano Bravo. Cuando el decano Bravo respondió, el decano Harris le dijo lo que Cisco había dicho. El decano Bravo le dijo al decano Harris que enviara al estudiante de su oficina de regreso a la clase, el decano Harris envió a Cisco de vuelta a clase. Unos minutos más tarde el decano Bravo dejó a Joe en la oficina del decano Harris. El decano Bravo le dijo al decano Harris que él y el Oficial Young iban a almorzar y le pidieron al decano Harris que vigilara a Joe hasta que regresaran.

El decano Bravo y el oficial Young entraron en el auto patrulla del oficial Young y salieron de la escuela. Fueron directamente a la casa de Joe. Cuando llegaron, había una mujer de mediana edad, con sobrepeso sentada en el porche.

"Disculpe, señora, ¿es usted la madre de Joe Reynado?" Preguntó el oficial Young.

"Si, yo soy Claudia Reynado, yo soy su madre." Respondió la mujer.

-¿Podemos hablar con usted un minuto? -preguntó el oficial Young.

"Claro." Respondió Sra. Reynado.

-Tu hijo tiene problemas en la escuela -dijo el decano Bravo. "Se trata de un video, ¿está bien si entramos y miramos alrededor de su casa?" Continuó.

"¿Por qué quieres hacer eso?", Preguntó la Sra. Reynado.

"Queremos ver si su hijo está realmente en posesión de las cosas en el video." Dijo el oficial Young. "Podría ser falsamente acusado y podremos determinar que no está en posesión de las cosas del video que desacreditarían a su acusador".

"Por supuesto". Respondió Sra Reynado.

Los dos hombres caminaron por la casa. Miraron alrededor de la sala de estar. Caminaron por la cocina, echando un vistazo a los mostradores y echando un vistazo a los gabinetes que ya estaban abiertos. Entraron en un dormitorio. En la pared había un cartel de la película Scarface. También estaba la mesa de video con grandes pilas de dinero y varias docenas de bolsos llenos de Kush.

Entraron al patio trasero y vieron hileras de plantas de marihuana de varias alturas. Había un cobertizo detrás de las plantas. Entraron en eso y encontraron un montón de marihuana en varias formas de secado y envasado. El oficial Young llamó al departamento de policía local. Enviaron varios carros de oficiales y camionetas.

En el plazo de tres horas habían contado $ 3,486.00 en efectivo y 27 libras de marihuana en varias etapas de ser empacado o procesado. Se convertiría en el mayor hallazgo de drogas en la historia del distrito escolar. Joe fue arrestado y liberado el mismo día. El decano y el director de la escuela preparatoria presionaron para la expulsión del estudiante, pero el distrito escolar lo trasladó a otra escuela mientras esperaba el juicio.

El hecho de que él y el decano Harris estuvieran involucrados en el hallazgo récord de la droga no fue lo que el decano Bravo consideró el evento más memorable de todo el incidente. El acontecimiento más memorable fue la respuesta de Sra. Reynado a una pregunta que el decano Bravo le hizo cuando la policía confiscaba el dinero y la marihuana de su casa.

Cuando el decano Bravo le preguntó a la Sra. Reynado qué pensaba que su hijo estaba haciendo con toda esa marihuana, le dio una respuesta inusual.

Mi hijo no tenía nada. No estaba interesado en nada. Intenté involucrarlo en la escuela pero no le importó. Intenté involucrarlo en los deportes y tampoco le importó. Durante muchos años, tuvo malas notas y se sentó alrededor de la casa viendo la televisión. Thjen, un amigo de la familia le dio algunas semillas. Las plantó y comenzaron a crecer. Realmente cuidaba bien de esas plantas. Finalmente se preocupó por algo. ¿Marihuana? Yo no lo sé nada de esta apestosa marihuana, yo solo sé que estaba feliz porque finalmente, mi Joe encontró algo que le interesaba y cuidaba.

Un cuento de dos hermanos

Este es un cuento de hermanos gemelos, Rob y Bob. Eran tan diferentes como la noche y el día. Ellos fueron a la misma escuela preparatoria y estaban en todas las mismas clases juntos. Ambos eran estudiantes promedio. Bob sabía que sus clases eran desafiantes y sus maestros eran excelentes. Sabía que el curso riguroso lo preparaba para la universidad. Estaba orgulloso de las calificaciones que sacaba aunque no fueran A's. Estaba encantado con los grados en su tarjeta de calificaciones. Rob sintió vergüenza cuando obtuvo sus calificaciones. Él sabía que él era brillante y estaba enojado que él consiguió C's. Culpaba sus calificaciones por una enseñanza horrible.

Cuando se trataba de actividades extra curriculares, Bob estaba ansioso por ayudar con recaudadores de fondos, bailes escolares, reuniones de educación y cualquier cosa que involucraba a la comunidad escolar o el servicio comunitario. Su actitud positiva lo hizo popular entre los profesores y otros estudiantes. Rob era indiferente a ayudar con cualquier cosa. Él ayudó a veces, pero su mala actitud y constante quejas hicieron que la gente evitara pedirle que participara en las cosas. Cuando los niños se presentaban con un desafío en la clase o para una actividad extra curricular, Bob siempre estaba emocionado de enfrentar el desafío como una oportunidad para crecer. Rob estaba casi siempre aburrido y miró los desafíos como obstáculos que se interrumpieron en su tiempo de juego de videojuegos.

Bob y Rob se graduaron de la escuela preparatoria. Tanto Bob como Rob se presentaron a la universidad. Ya que Bob tenía un montón de actividades extra-curriculares y cartas de recomendación, sintió alegría cuando fue aceptado en cinco colegios diferentes y pudo elegir el que quería ir. Puesto que Rob tenía pocas actividades extracurriculares y ninguna carta de recomendación, sentía tristeza cuando fue rechazado por las universidades a las que realmente quería ir y estaba en lista de espera por un colegio mediocre. Bob comenzó la universidad el otoño después de graduarse de la escuela secundaria. Rob no comenzó la universidad hasta el próximo año escolar.

Bob fue nombrado como una persona competente. El acepto con las cosas que la vida le envió a su manera. Como una boya, literalmente se movía de arriba abajo en las aguas de la vida y se mantenía a flote durante sus muchas tormentas. Rob también fue nombrado como una persona competente. Sentía que la vida le debía. Siempre sentía que tenía un mal trato de la vida. Siempre se sentía como si lo hubieran robado. La diferencia entre los gemelos se reducía a una sola palabra, la actitud. La forma en que veían obstáculos, las impresiones que hacían sobre los demás e incluso su éxito en la vida se reducía a su actitud hacia la vida. Así que la pregunta es, querido lector, ¿cuál de los gemelos es usted? ¿Eres un Bob o un Rob?

Estoy tomando Asistencia
Letra de Mark Wilkins

Según fue grabada la banda de The Loveforce Collective Feat: Teacherz

Escuchen a canción por gratis en : bandcamp.com
abajo el groupo "The Loveforce Collective"
PA Anuncio:
Buenos días maestros
Este es el Sr. Wimpy
Ahora pueden empezar a tomar asistencia
Por favor, tenga en cuenta que
Hubo Muchas ausencias ayer debido a
La gran fiesta
Por favor, no permita que los estudiantes
Entren a su clase sin un comprobante de ausencia!

Verso 1
Un golpeteo en mi cabeza
Cafeína en mis venas
No contribuyen a mi dolor
Trueno en mi corazón
Relámpago en mi alma

Cállate, estoy tomando asistencia!

Coro

Estoy tomando asistencia
Estoy tomando asistencia
Estoy tomando asistencia
Cállate ! Estoy tomando asistencia

PA2 Lo siento por la interrupción,
Estudiantes, hay un montón de ustedes
 De pie por la máquina de fideos esta mañana
Recuerde, la máquina de fideos no es una clase oficial

Verso 2
¿Porque llegas tarde?
¿Dónde está tu nota de ausencia?
No tengo tiempo para excusas tontas
¿Quién hace ruido?
¿Cuándo vas a aprender?
Oh no, aquí viene mi acidez
(Coro de la repetición, atasco)

PA3. Los profesores, hay un gran
Fuego que ha estallado en un bote de basura

En la zona del almuerzo y la alarma de incendio
 No está funcionando de nuevo
Cualquier profesor en su hora de conferencia
Debe reportarlo Inmediatamente.
Por favor traiga un bote de basura lleno de agua.

El Poder de la Pluma

Un día Maria vino a clase temprano y entregó al Sr. Burnside una carta manuscrita en su cuaderno escolar y le pidió que lo revisara. Era una carta de disculpa. El señor Burnside leyó la carta. Lleno de errores gramaticales y palabras mal escritas con maldiciones, que contó la historia de una niña que se negó a comer una rebanada de pizza porque le daba náuseas. Contó sobre un diácono de la iglesia que entonces, dejó caer la rebanada de pizza en el piso y dijo a la niña que se la comiera. Habló de una niña valiente que desafió al Diácono y le dijo que no se atreviera a volver a la iglesia hasta que ella le escribiera una carta de disculpa.

"¿Por qué estás escribiendo esta carta?", Preguntó Burnside.

"Porque no he vuelto a mi iglesia en tres meses y quiero regresar hoy", respondió.

"¿Tú vas con tu familia?" Él preguntó.

"No, un autobús llega a nuestro vecindario y recoge un montón de niños." Ella respondió.

"¿Qué quieres hacer con esta carta?", Preguntó el señor Burnside a María.

-Quiero dárselo al Diácono -dijo ella con un tono de ira en su voz-.

-¿Te molesta que te ayude a reescribir la carta? -preguntó H.

"Claro que no." Ella dijo tímidamente.

Durante la siguiente media hora, el Sr. Burnside ayudó a María a quitar las palabras de maldición y corregir la gramática de la carta. Luego le preguntó si podía mecanografiarla para que se viera bien. María estuvo de acuerdo. El señor Burnside mecanografió la carta y luego se la dio.

"Tengo otra corrección María." Dijo mientras entregaba a María la carta recién mecanografiada. "Dale esto al Pastor de tu iglesia en lugar del Diácono".

María tomó la carta. El señor Burnside sabía que se lo daría a su pastor. Estaba interesado en ver lo que sucedería como resultado. Al día siguiente, cuando María vino a clase, el Sr. Burnside le preguntó qué pasó en la iglesia.

María le dijo al Sr. Burnside que cuando salió del autobús y subió los escalones de la iglesia, el diácono la estaba esperando. Se negó a dejar entrar a María hasta que ella le dio una carta de disculpa. María tuvo una discusión con el diácono. El argumento se hizo tan fuerte que el Pastor tuvo que intervenir. Cuando lo hizo el diácono le dijo que María no podía volver a la iglesia hasta que ella le dio una carta de disculpa. El pastor le preguntó a María si eso era cierto. María sólo sonrió y entregó al pastor la letra cuidadosamente escrita.

"Mi maestro me dijo que le diera mi carta de disculpa a usted." Dijo mientras le entregaba la carta.

El Pastor leyó la carta. Luego se la entregó al diácono. El diácono lo leyó.

"¿Es esto cierto?", Preguntó el pastor al diácono.

"Por supuesto que no, yo nunca le diría a un niño nada de eso." Dijo el Diácono.

"¿Te gustaría preguntar a alguno de los 35 niños que vieron lo que pasó Pastor?", Preguntó María.

Luego el Diácono admitió la versión de los hechos que estaba en la carta de María. Lo despidieron en el acto.

El Sr. Burnside escuchó la historia y se alegró de saber que la carta de María obtuvo resultados.

"María, ¿has oído alguna vez el dicho:" La pluma es más poderosa que la espada? "

-Sí -respondió María.

-Tu carta es un ejemplo del poder de la pluma - dijo-.

La Carta María escribió, la que obtuvo resultados aparece a continuación:

Estimado Pastor,

Mi nombre es María. Estoy escribiendo para disculparme por mi conducta la última vez que fui a la iglesia. El diácono estaba pasando pizza a los niños. Me sentía mal de mi estómago y le dije que no quería ninguna pizza. Entonces él tiró una rebanada de pizza en el piso delante de todos los otros niños y él me dijo que la comiera. Cuando le pregunté "¿Qué?" Me dijo que me pusiera de rodillas y comiera la rebanada de pizza.

Lo siento pero le dije que no soy un perro. Estaba tan enojada, y también lo maldije. No he vuelto a la iglesia desde entonces. Me dijo que no podía volver hasta que le escribiera una carta de disculpa, pero mi maestro me sugirió que se la escribiera a Ud.

Espero que Dios pueda perdonarme a mí y a él también.

Sinceramente,

Maria

Biografia del Mark Wilkins
El Narrador

Mark Wilkins, es mejor conocido por sus lectores como El narrador. Él publico la serie de un cuentacuentos de libros para la Edición Internacional de la Fuerza del Amor. A diferencia de la mayoría de las otras series de libros, no se concentra en un personaje en particular o en una línea particular. En cambio, se centra en los libros de historias cortas en varios géneros por un autor en particular (Mark Wilkins). Algunos de los libros en la serie de libros de El Narrador incluyen la ficción seria (una semana de la ficción), la ficción humorística (rebanadas de la vida) y una mezcla de la ficción seria y chistosa y de la no ficción (Confesiones de un salón de clase) y de la ficción sobrenatural La historias de lo supernatural).

Wilkins escribe: Los lectores que disfrutan de mis libros como la lectura que chispea su imaginación. Les gustan las historias con personajes memorables y extravagantes en temas inusuales. Les gustan las vueltas y vueltas inesperadas en la trama. Si alguna de estas cosas que mis lectores disfrutan lo describe, entonces también disfrutará mi escritura.

Me siento cómodo escribiendo en muchos géneros diferentes. Escribo ficción humorística y seria. Algunas de mis historias se basan en hechos verdaderos, otros son totalmente mi invención. Depende de usted, el lector, decidir qué historias se basan en hechos reales y cuáles son completamente mi invención porque no lo estoy diciendo. Me gusta contar historias y trabajo muy duro para que esas historias sean convincentes y entretenidas. Espero que disfrute leer mis libros.

Las rebanadas de la serie Las Rebanadas de la Vida son una colección de historias cortas humorísticas sobre vida. La mayoría de ellos se ocupan de matrimonio y miembros de la familia. Desde los cónyuges inteligentes hasta los pequeños niños inteligentes para los chicos que tratan de impresionar a sus amigos y suegros tratando de dominar la tecnología de cada historia es como una pequeña porción de la vida, pero juntos, constituyen un pastel irresistible. Siéntese, tome una taza de café y disfrute de algunas rebanadas de mentira porque, antes de que usted lo sepa, usted habrá terminado las rebanadas enteras. Hay dos libros en la serie.

Serie de una Semana de Ficción: Cada libro contiene 7 historias inusuales de ficción que explora diferentes aspectos del género. A menudo despótica ya veces surrealista, si quieres historias que nunca olvidarás, solo necesitas contar hasta 7. Hay cuatro volúmenes en la serie.

Serie de Confesiones en el Aula: Una colección de historias, perspectivas y poemas sobre los problemas que enfrentan los maestros, estudiantes y administradores involucrados en la educación pública. Cuestiones como la presión de los compañeros, la gestión del aula, la violencia, las pandillas, la corrupción, el escándalo y el suicidio se tejen a lo largo del tapiz de historias de esta colección. Hay dos libros en la serie.

Historias de la serie sobrenatural: Esta colección de historias cortas te perseguirá y te entretendrá. Ya sea el clásico mal de Un Pedazo de Carbón o la fantasía de El Fantasma en la Casa esta colección de historias cortas y poemas te perseguirá, emocionará y te entretendrá. Hay dos libros en la serie.

Atentamente

El Narrador

Mark Wilkins

Biografia del El Propheta de la Vida

El Profeta de la Vida es periodista, autor y compositor. El escribe libros espirituales de fe así como temas actuales, de literatura temática libros para Love Force Publicación International.

Tengo una gran variedad y extensa experiencia en la vida y esas experiencias enriquecen mi escritura. Yo escribo sobre temas espirituales así como temas de importancia global. Yo escribo no ficción que te dice como son las cosas orientadas a una solución como algo opuesto solo para quejarse de las cosas. Yo tengo libros con temas como crimen y castigo, racismo y fe.

Me gusta escribir cosas con perspectiva única. Me gusta desafiar a la percepción de mi lector y permitirles que descubran nuevas percepciones. Si una lección puede ser tejida en la tela de la palabra escrita, tanto mejor pero la lección es a menudo sutil.

Yo trato de ver las cosas de la forma en que son o de la manera que puedan ser. Eso de deja ver las posibilidades entre varias situaciones ambas en mi vida y las historias que escribo. Como resultado, a menudo puedo agregar giros y vueltas que los lectores no verán venir probablemente en la ficción que escribo. A menudo puedo comunicar cosas desde perspectivas únicas y diferentes y ver soluciones a problemas y problemas que me comunican en mí no ficción.

No tengo miedo de correr riesgos tanto en mi vida como en mi escritura. He abordado temas polémicos en ambos. Mi blog de no ficción de Word Press, Insight, un blog de El Profeta de la Vida, está lleno de ejemplos. Tengo un sentido del humor raro y he escrito cosas humorísticas, así como graves. Empecé en un canal de You Tube y ahora tengo más de 100 videos que tienen palabras y música, pero no fotos. A pesar de que no hay fotografías, más de 150.000 personas de 210 naciones diferentes han visto los videos en mi canal You Tube.

Me gusta escuchar de mis lectores. Me gusta escribir. Espero que encuentre mis libros interesantes y entretenidos.

Sinceramente

El Profeta de la Vida

Biografía del Dr. Ganso

Dr, Ganso ha estado trabajando con niños de todas las edades por más de 30 años. Su estilo de escritura es descriptivo lo suficiente como para dar a los niños una idea básica de lo que los personajes parecen, mientras que chispean su imaginación para rellenar los detalles. Sus libros están diseñados específicamente para ayudar a los niños a desarrollar su imaginación.

Las historias del Dr. Ganso llevan a los niños a lugares nuevos y emocionantes que son un compuesto de culturas mezcladas, haciendo que los personajes y entornos en sus historias emocionantes y diferentes, pero con suficiente familiaridad para proporcionar una base sobre la cual los niños puedan pintar sus propias imágenes mentales del entorno y Personajes de las historias.

Escribe historias para niños de todas las edades. Es importante que los padres lean los rangos de edad de cada libro. Hacerlo ayudará a asegurar que su hijo está leyendo un libro apropiado a su nivel de desarrollo.

En nuestro mundo moderno y tecnológicamente avanzado, los niños tienen todo hecho para ellos, en los libros, en la TV, en las películas y en los juegos electrónicos y, como resultado, tienen dificultades con la creatividad. Desarrollar la imaginación es un punto de referencia para desarrollar la creatividad. Los libros del Dr. Goose están diseñados para desarrollar la imaginación de un niño. Él sugiere que los padres que desean ayudar a su hijo en este proceso de proporcionar papel y lápices de colores o lápices de colores y pedir a su hijo a dibujar lo que piensan los personajes o el entorno parece. Esto ayudará a los niños a desarrollar su imaginación y creatividad aún más.

Sinceramente

Dr. Ganso

Libros en Espanol de Kindle

Por Amor Fuerza Internacional compañia de publicaciónes
Todo ese n Ingles tambien!

Cada Kindle e-book es sólo 99 centavos! (NOS)

Libros de muestreo

La Fuerza Internacional Amor Lector :
Diferentes muestras de 7 Libros por 3 differentes autores En Espanol. **Volumen 1**
ASIN: B06XB3RJ2K Volumen 2

Libros de no ficción

Controversia: ¿Qué Caitlyn Jenner, Donald Trump, una cura para el SIDA, los hackers chinos, Adolf Hitler y el calentamiento global tienen en común? Todos ellos están en el centro de una controversia y hay historias sobre ellos en este libro único que Voltea a las titulares de los tabloides de adentro hacia afuera. **Autor: El Profeta de la Vida ASIN: B01CRF3098**

Historias Verdaderas de inspiración y interés general ¿Qué hacen los adictos de teléfonos celulares, George Orwell, pájaros, Paul McCartney, el Premio Nobel, el Viernes Negro, Led Zeppelin, basura, una charla, de inflexión, Steve Jobs, Shakespeare, los pensamientos de inspiración y lamadre ¿Qué tienen en común? Estás historias son reales en este libro. Son verdaderas Historias de Inspiración e Interés General reúne cuentos y poemas sobre las celebridades, las tendencias y la gente común. A veces es sorprendente, siempre interesante, que al mismo tiempo le entretendrá y le dará algo en qué pensar. **Autor: El Profeta de la Vida ASIN: B00TXWVNUC**

Verdaderas Historias de Crimen y Castigo: Este es un libro de historias de crímenes graves arrancadas de los titulares de todo el mundo. De la familia que desapareció a la niña de 11 años muerta en una pelea sobre un muchacho al prisionero que no ha comido en 14 años a la cabeza humana cortada encontrada cerca de la famosa señal de Hollywood, cada historia cuenta sobre el crimen y lo sucedido Al criminal de una manera que te sorprenderá y te dará una pausa para pensar. **Autor: El Profeta de la Vida ASIN: B01N10ND7S**

Como Convertirse en la persona que siempre ha deseado ser.
Un simple personalizado, sistema, la transformación
Es un sistema para ayudar a las personas a transformar sus vidas. Yo quería que fuera simple, fácil de usar y no tomara mucho tiempo, dinero o esfuerzo. Es un simple sistema personalizado de transformación. Tiene ocho sencillos pasos que se mueven a través del proceso. **Autor: Mark Wilkins ASIN: B01MSYVU6R**

Herramientas para tener éxito en la vida
Este libro analiza el éxito y te ayuda a aclarar qué es el éxito para ti. Tiene diferentes formas de ver el éxito, el fracaso, el sufrimiento y el sacrificio. Le da un plan para hacer cambios en su vida, consejos para evitar algunos errores comunes y le proporciona citas de motivación y ejemplos de vidas inspiradoras que han cambiado el mundo.
Autor: El Profeta De La Vida ASIN: B078JZGWDH

Confesiones de un Aula: es una serie de historias reales sobre la experiencia de las líneas de frente de la educación pública. En sus páginas se encontrará con personajes estrafalarios, lo bueno, lo malo y lo más cafeínado. Algunos de ellos son profesores, algunos estudiantes y algunos son administradores. Algunos le hará reír, otros te hará llorar, pero todos ellos desempeñan un papel importante en la educación pública. Sus historias están escritas en forma de entretenimiento y para darle algo en que pensar.
Autor: Mark Wilkins ASIN: B01MSV4N92

Confesiones de un Aula 2: Historias llenas de maestros poco convencionales, estudiantes brillantes, matones, héroes y cartas que traen la realidad de la educación pública con todas sus luchas y glorias ante ustedes. Encontrará personajes memorables como Sr. Manosfelices, la sustituta francesa, el decano Bravo y el gorrón. Directamente de los recuerdos de alguien que estaba allí. Algunos le harán reír, otros le harán llorar. Ellos te entretendrán y te darán algo en que pensar.
Autor: Mark Wilkins ASIN: B06XC9HDQV

Libros sobre la fe

Lo Que La Fe Me ha enseñado: En este volumen repleto, de pensamientos espirituales e inspiradores el autor es un líder, el profeta de la vida comparte su fe, percepciones espirituales y lecciones de la vida que le pueden ayudar, inspirar y orientar hacia una mejor vida. **Autor: El Profeta de la Vida ASIN: B01EE3QSW2**

Inspiración para todos: **Volúmen 1, Inspiración para tu Espíritu.** Escrituras inspiradoras seleccionadas. Si eres de fe o necesitas inspiración en tu vida, este libro lleno de historias inspiradoras, poemas y ensayos te mantendrá y te fortalecerá en tu viaje. **Por El Profeta de la Vida ASIN: B071JW8XXH**

Inspiración para todos: **Volumen 2, Inspiración para tu mente.** Escrituras seleccionadas para inspirar tu mente. Este libro lleno de historias inspiradoras, poemas y ensayos te mantendrá y te fortalecerá en tu viaje. **Autor: El Profeta de la Vida, Mark Wilkins y Dr. Ganso. ASIN: B072WK9JBH**

Citas sobre Dio: Este pequeño libro esta lleno de algunas de las citas mas populares acerca de Dios atribuidas al Profeta de la Vida. Provoca ambos pensamientos e inspiraciones. Esta lleno de docenas de citas sobre Dios que uno puede leer y copiar para uso personal.
Autor: El Profeta de la Vida
ASIN: B01BJXYHLY

Encontrar a Dios en un mundo caótico: En este libro, aprenderá que el Señor se comunica con todos y que aprenderá cómo el Señor se comunica con usted. Aprenderá acerca de la Verdadera Naturaleza de Dios y se dará cuenta de cuán profundo es el alcance y el Amor de Dios. Aprenderás el secreto de por qué la voluntad de Dios siempre prevalece. Aprenderás acerca de los Profetas enviados a nuestro planeta, para entregar la Palabra de Dios, algunos que conoces y otros que conocerás. Aprenderás el secreto de acercarte más a Dios. Aprenderás sobre el cambio que está ocurriendo en todo nuestro planeta y aprenderás qué lo está causando. Si estás listo para las revelaciones que pueden cambiar la forma en que ves la vida en general y tu vida en particular, lee este libro. **Autor: El Profeta de la Vida**
ASIN: B0793KDYX3

Encontrar a Dios sin religión. Un camino agnóstico a Dios Tú y tu camino a Dios, en la Vida y Más Allá: Las personas de fe no son exclusivas de la religión. Hay muchos que son espirituales o agnósticos. No encajan en la doctrina, los rituales o la comunidad congregacional de religión. En este volumen lleno de sabiduría, las personas de fe pero sin una religión organizada pueden obtener ideas sobre la vida, la vida futura y que Dios sin ser culpable se tropezó con la conversión. Este volumen es el libro 2 de la serie Revelations of 2012 Beyond Faith. La parte 1 se titula Encontrar a Dios en un mundo caótico. **Autor: El Profeta de la Vida**

Las mejores citas espirituales: Este libro está lleno de algunas de las citas más populares sobre Temas Espirituales atribuidos a El Profeta de la Vida. Se incluyen citas de fe, misericordia, lecciones de vida, humanidad y espiritualidad. Debes encontrar que son profundos, estimulantes e inspiradores. Está lleno de muchas páginas de citas que se pueden leer y copiar para uso personal. **Autor: El Profeta de la Vida**

Libros de ficción

• **Rebanadas de Vida 1:** es una colección de cuentos humorísticos sobre la vida. La mayoría de ellos son de los miembros de la familia y del matrimonio. De cónyuges inteligentes, los niños pequeños inteligentes, de chicos tratando de impresionar a sus amigos, de leyes tratando de dominar la tecnología de cada historia es como un pequeño trozo de vida, pero en conjunto, forman un pastel irresistible. Siéntese a tomar una taza de café y disfrutar de algunas rebanadas de Vida. **Autor: Mark Wilkins ASIN: B01BBBZUL0**

Rebanadas de Vida 2 : Esta secuela de Rebanadas de la Vida tiene historias más humorísticas sobre los ricos, los pobres y la clase media. Incluso tiene una historia sobre una de sus mascotas. La ignorancia es el tema principal de este libro, la ignorancia que tiene consecuencias que a veces son tocantes pero siempre humorísticas. ¡Así que prepare un poco de café o té, siéntese, relájese y disfrute de otro lote satisfactorio de Rebanadas de la Vida, porque, antes de que usted lo sepa, lo habrá devorado todo en un momento!**Autor: Mark Wilkins ASIN: B06XKP5C66**

- **Historias Escandalosas 1**: Este libro está lleno de artículos humorísticos poco convencionales e irreverentes. Todos ellos son ficticios y muchos de ellos completamente escandalosos. Nadie está a salvo de que se burlen de ellos terroristas, Presidentes, Dictadores, El Negocio de Peliculas y Música o Juegos Oympicos de Flojos. Si tienes edad universitaria o tienes un sentido del humor extravagante e irreverente, ¡este libro es para ti! **Autor : Mark Wilkins ASIN: B07D1RH9W3**

- **Historias Escandalosas 2** Este libro está lleno de artículos humorísticos poco convencionales e irreverentes. Todos ellos son ficticios y muchos de ellos completamente escandalosos. Nadie está a salvo de que se burlen: terroristas, policia, criminales, El Negocio de Peliculas y Música, la profession medico, tradiciones, Si tienes edad universitaria o tienes un sentido del humor extravagante e irreverente, ¡este libro es para ti! **Autor : Mark Wilkins ASIN:**

Karma: Karma es la historia de un hombre que esta entre dos culturas diferentes, y se opone a la vida opuesta que compiten por su atención. Sus conflictos y luchas son eclipsados por fuerzas cósmicas que él no puede entender. El karma proporciona una visión de las luchas y los conflictos que todos enfrentamos. **Autor: Mark Wilkins. ASIN: B072Z6L36V**

El valor de una semana de ficcion 1: Gente en el Filo del Borde En el volumen 1 del valor de una semana de ficción te encontrarás con gente en los bordes de la sociedad. Un guardia de seguridad que lucha y tiene una mujer moribunda, un anciano cuyo fin es que muera en el bosque, una mujer luchando por capturar un romance antes de que su belleza se desvanezca y otro luchando con el cáncer. Te encontrarás con un niño pequeño que aterroriza a la gente en una tienda de comestibles, un adolescente buscando amor y un pequeño empresario que lucha contra un monopolio. Si quieres historias de ficción que nunca te olvidaras sólo necesita contar hasta 7. **Autor: Mark Wilkins ASIN: B06XVD21PM**

El valor de una semana de ficcion 2: Historias de Ciencia Ficción En el volumen 2 del valor de una ficción una semana incluye historias de ciencia ficción. Dentro de sus páginas usted encontrará historias de una chica que tiene la cura para una enfermedad mortal, una mujer en una cita con una enfermedad psicosomática llamada profecía, pollo robot, una mosca sobrenatural, una proyección astral, un maestro en un nuevo trabajo donde todo no es lo que parece y un mundo futurista donde la economía sólo es trueque. Si quiere historias de ciencia ficción que nunca olvidara solo es necesario contar hasta 7. **Autor: Mark Wilkins ASIN: B071GCYFK6**

El valor de una semana de ficcion 3: Muchas caras de la violencia En el volumen 3 del valor de una semana de ficción, incluye muchas caras de la violencia, historias de ficción de las 7 todas exploran la violencia desde diferentes ángulos, una historia mira lo que pasa por la mente de un terrorista sobre explotarse a si mismo, otro mira un a un ejecutivo teniendo en cuenta el suicidio, las parcelas de otras historias incluyen un, hombre tratando de burlar a un robacoches armado, un alguacil de aviones tratando de averiguar quién es el terrorista, un soldado que se da cuenta que una persona en su pelotón es un asesino en serie, un ex convicto que tiene que decidir si debe usar la violencia para combatir el mal y un hombre que se convierte en un héroe a través de violencia indescriptible, si quieres historias violentas que nunca olvidara, basta contar hasta 7. **Autor: Mark Wilkins ASIN: B072K6J9HN**

El valor de una semana de ficcion 4: Realizaciones En el volumen 4 del valor de una semana ficción, es de realizaciones, conocerá a personas de diversas procedencias que llegan a realizaciones importantes. Se encontrará con un Doctor que llega a una realización sobre la vejez, un político que lucha por ser su propio ser, un hombre rico que llega a una epifanía después de un encuentro casual en una tienda, un granjero que necesita ayuda, un chico que lucha con un nuevo celular que parece intervenido, una nadadora que se beneficia de su rutina de todas las mañanas y un agente de policía que desarrolla empatía para un peligrosos gánster. Si desea leer historias ficticias que nunca te olvidara sólo necesita contar hasta 7. **Autor: Mark Wilkins ASIN: B071JVQQ96**

Historias de lo sobrenatural 1: Un libro de la serie Narrador Volumen 1Fantasmas, criaturas demoníacas, y la muerte. Esta colección de historias cortas lo perseguirá y entretendrá. Ya sea la malvada historia clásica de un trozo de carbón o el capricho de un fantasma en la casa esta colección de cuentos y poemas perseguirá y entretendrá **Autor: Mark Wilkins ASIN: B01MA12YXY**

Historias de lo Sobrenatural 2
En esta secuela de Historias de lo Sobrenatural hay más fantasmas, criaturas demoníacas y la muerte. Esta colección de relatos cortos centra de fantasmas y monstruos. Dentro de sus páginas te maravillarás con las hazañas de El Coleccionista de Almas, temblará ante la mención del temido Bungadun o el El Infierno Banger y montarás los rieles en el tren fantasma. Correa en sus cinturones de seguridad, va a ser un viaje accidentado! **Autor Mark Wilkins ASIN: B01M4FXDL1**

Libros de poemas y Citas

¡Vidas románticas!

¡Vidas románticas! es una colección muy especial de poemas de amor románticos. Los poemas están organizados para seguir el arco de un romance desde sus etapas tempranas de un amor joven través de sus dulces seducciones y la dichosa sabiduría del amor maduro. Si estás buscando romance en tu relación amorosa o simplemente quieres una lectura romántica alegre y perspicaz, este libro es para ti.

Autores: Mark Wilkins y El Profeta de la Vida
ASIN: B07DP7HX9P

Cada Lirica Cuenta una Historia

Una colección de letras de canciones únicas que cuentan historias impactantes sobre las personas, sus vidas, sus esperanzas y sus sueños. Puedes encontrarte a ti mismo y a las personas que conoces en muchos de ellos.

Autor: El Profeta de la Vida y Mark Wilkins
ASIN: B07F5N1Y5G

Citas por cositas general

Este breve libro está lleno de algunas de las citas más populares sobre temas generales atribuidos a El Profeta de la Vida. El libro incluye citas sobre temas como la vida, el amor, la felicidad, el crimen y el castigo, el bienestar e incluye muchas de las citas cómicas atribuidas a El Profeta de la Vida. Encontrará el ingenio y la sabiduría en sus páginas sugerentes e inspiradoras. Está lleno de docenas de excelentes citas sobre diversos temas que uno puede leer y copiar para uso personal. **Autor: El Profeta de la Vida**

Libros para niños

Historias clásicas para niños, Que usted probablemente nunca oído Volumen 1: Ya se trate de las aventuras de un pollo que habla, la balada de un hombre peludo, una historia sobre un tipo que tiene gusanos como amigos o una historia infantil clásica actualizada y contada con un giro diferente este conjunto de historias infantiles entretendrán a los niños envejecidos en su familia. **Autor: Dr. Ganso ASIN: B01NAF8QNU**

Historias clásicas de niños, que nunca has escuchado Volumen 2: Esta secuela le da más clásicos desconocidos. El libro da a conocer nuevos personajes como un pequeño pollo cuya vida es similar a la de una persona y una balada sobre un hombre peludo. Hay una historia sobre un príncipe cuya negativa causa un incidente internacional. Incluso hay una versión actualizada de la historia de los niños clásicos que todos conocemos desde puntos de vista de diferentes personajes. **Autor: Dr. Ganso ASIN:**

Niños de la escuela Volumen 1: Seis historias divertidas sobre niños que son más inteligentes para su edad. Dentro de sus páginas se encontrará con un chico cuyo vocabulario es mejor que los adultos de su escuela, un niño que se escapa de una nalgada, un niño que recibe un teléfono celular nuevo con un problema y un hermano y una hermana que aprenden cómo deshacerse de la basura de una tía vieja .Recomendado para niños de 12 a 16 años. **Autor: Mark Wilkins ASIN: B078JMR7ZB**

Niños de la escuela Volumen 2: 9 historias sobre niños que están en la escuela secundaria. Dentro de sus páginas se encontrará con un grupo de niños que se involucran en una guerra de huevos podridos, una niña que no existe, y un niño que envía a un amigo en una cita con su hermana. Recomendado para niños de 14 a 18 años. **Autor: Mark Wilkins ASIN:**

Primer libro de pequeñas fábulas estúpidas: Si la codicia de mooches, los ladrones del almuerzo, los niños sádicos, o las historias extrañas sobre animales domésticos esta primera parte en la serie de historias humor irreverente con la entrega de conclusiones retorcidas sobre el egoísta y el codicioso. Incluso tiene unos pequeños dibujos estúpidos! Para los jóvenes. **Autor: Dr. Ganso ASIN:**

Segundo libro de pequeñas fábulas estúpidas: Ya se trata de abuelas bien intencionadas pero incompetentes, de mujeres egoístas, de niños sádicos o de locos en los centros comerciales, esta segunda parte de episodios de la serie de historias irreverentemente humorísticas que ofrece terminaciones retorcidas sobre los egoístas y los codiciosos. Incluso tiene los dibujos a los que te gusta hacer burla de igual que la primera! Para los menores. **Autor: Dr. Ganso ASIN:** B0755YK6NH

Libros En Papel

La trilogía de la fe En este volumen repleto, de pensamientos espirituales e inspiradores el autor y un líder de pensamos espiritu, el profeta de la vida comparte su fe, inspiracion y citas sobre dios, Este Trilogía de Fe incluye tres libros llenos de fe: Lo que la fe me ha enseñado, las mejores citas sobre Dios e inspiración para todos: escritos inspirados seleccionados. **Autor: El Profeta de la Vida** ISBN-13: 978-1936462520

La Trilogía Agnóstica de la Fe ¡Loveforce tres libros en una!
¡Tres grandes libros combinados en un libro de bolsillo! Obtienes: Encontrar a Dios sin religión, Las mejores citas espirituales y Encontrar a Dios en un mundo caótico. **Autor: El Profeta de la Vida ISBN-13: 978-1936462599 (Edición española)**

Rebanadas de Vida Rebanadas de la Vida tiene historias más humorísticas sobre los ricos, los pobres y la clase media. Incluso tiene una historia sobre una de sus mascotas. La ignorancia es el tema principal de este libro, la ignorancia que tiene consecuencias que a veces son tocantes pero siempre humorísticas. ¡Así que prepare un poco de café o té, siéntese, relájese y disfrute de otro lote satisfactorio de Rebanadas de la Vida, porque, antes de que usted lo sepa, lo habrá devorado todo en un momento! **Autor: Mark Wilkins**

ISBN-10: 193646246X ISBN-13: 978-1936462469

Historia Sobrenaturales Fantasmas, criaturas demoníacas, y la muerte. Esta colección de historias cortas lo perseguirá y entretendrá. Ya sea la malvada historia clásica de un trozo de carbón o el capricho de un fantasma en la casa, de El Coleccionista de Almas, temblará ante la mención del temido Bungadun o el El Infierno Banger y montarás los rieles en el tren fantasma. esta colección de cuentos y poemas perseguirá y entretendrá. Correa en sus cinturones de seguridad, va a ser un viaje accidentado! **Autor: Mark Wilkins ISBN-10: 1936462575 ISBN-13: 978-1936462575**

- **Confesiones de Escuelas Publicas: Frente a la Batalla de la Educación Pública** Confesiones de Escuelas Publicas es una seria de historias verdaderas de las líneas del frente de la educación pública. Entre las paginas usted va a conocer personajes peculiares, unos malos otros buenos con mucho café encima. Algunos de ellos son maestros, algunos estudiantes, y algunos administradores. Algunos les harán reír, otros los harán llorar pero ellos juegan un papel muy importante en la educación pública. Sus historias están escritas de una manera de entretenimiento y le dará algo en que pensar. **Autor: Mark Wilkins   ISBN-10: 1936462060 ISBN-13: 978-1936462063**

Controversias! ¿Qué Caitlyn Jenner, Donald Trump, una cura para el SIDA, los hackers chinos, Adolf Hitler y el calentamiento global tienen en común? Todos ellos están en el centro de una controversia y hay historias sobre ellos en este libro único que Voltea a las titulares de los tabloides de adentro hacia afuera. **Autor: El Profeta de la Vida.**

El valor de una semana de los volúmenes de ficción 1 y 2

Una semana de ficción, edición en rústica
Si se trata de un hombre que se convierte en héroe a través de la violencia indescriptible, una adolescente luchando contra una corporación sobre los derechos a su sangre, o la lucha de vida y muerte en un coche carjacked esta colección de Volúmenes 1 y 2 de Una Semana de Ficción le da 7 Más historias que te emocionarán, te sorprenderán y te harán pensar. A menudo distópica ya veces surrealista, si quieres historias que nunca olvidarás, solo necesitas contar hasta 7 y puedes hacerlo dos veces en esta edición especial de bolsillo. **Autor: Mark Wilkins**

El valor de una semana de los volúmenes de ficción 3 y 4

Ya se trate de una mujer tratando de encontrar el amor antes de que su apariencia se desvanezca, un mariscal luchando contra el racismo, un ex convicto tratando de mejorar su vida, un soldado tratando de resolver un misterio, un indígena tratando de ir en contra de la discriminación en contra de la edad, esta colección de volumenes 3 y 4 de una semana de valor de la ficción le da 7 historias más en cada uno que le darán emoción, sorpresa y lo harán pensar. A menudo son distó pica y a veces surrealista, si quieres historias que nunca olvidarás, solo necesitas contar hasta 7 y puedes hacerlo dos veces en estas ediciones especiales de bolsillo. **Autor: Mark Wilkins**